AF453565

RÉGLEMENT

ARRÊTÉ
PAR LE ROI,

Pour l'Habillement & l'Équipement de ses Troupes.

Du 25 Avril 1767.

A PARIS,
DE L'IMPRIMERIE ROYALE.

M. DCCLXVII.

TABLE

DES

CHAPITRES ET ARTICLES

Contenus dans ce Règlement.

CHAPITRE PREMIER.

INFANTERIE.

CHAPITRE II.
GENDARMERIE.

CHAPITRE III.
CAVALERIE.

ARTICLE

CHAPITR IV.

DES HUSSARDS.

CHAPITR V.

DRAGONS.

C H A P I T R E   V I.

TROUPES LÉGÈRES.

CHAPITRE VII.

CHAPITRE VIII.

CHAPITRE IX.

CHAPITRE X.

RÈGLEMENT

Arrêté par LE ROI, pour l'Habillement & l'Équipement de ses Troupes.

CHAPITRE PREMIER.

INFANTERIE.

ARTICLE PREMIER.

De l'Habillement.

LES habits seront garnis, sur l'épaule gauche, d'une épaulette liférée de drap de la couleur tranchante des paremens, revers ou collet; ils seront façonnés proportionnément à la taille des hommes, affez larges & aifés, pour que le Soldat puiffe commodément faire les mouvemens qui lui feront ordonnés, fans être gêné, & fans être expofé à déchirer les coutures de fon habillement; les habits neufs feront tenus d'une longueur raifonnable à pouvoir arriver, en fortant de la main de l'ouvrier, à trois pouces & demi de terre, lorfque le Soldat fera à genoux: on obfervera que, pour faire cette épreuve, les revers doivent être boutonnés. Les habits feront affez larges pour

être tenus boutonnés aisément dans la longueur des revers.

Les habits & les vestes dureront trois ans, pour l'Infanterie françoise, & le remplacement en sera fait par tiers chaque année.

Les Troupes se serviront de son, & fort rarement, pour maintenir la propreté de l'habillement.

Les craies, terres de pipe & ocres, dont les Troupes font usage pour blanchir & ocrer les parties dudit habillement, ayant été reconnus caustiques & corrosifs, & par conséquent préjudiciables à leur durée ; l'usage en sera & demeurera défendu.

Les fournitures pour les remplacemens ordonnés chaque année, feront envoyées au régiment dans le mois de Septembre, pour être mises en œuvre pendant l'automne.

Il sera délivré, autant qu'il sera possible, aux Soldats qui se retireront pour jouir de la demi-solde ou de la solde entière, l'habillement qui leur est accordé par les articles 86 & 87 de l'ordonnance du 1.ᵉʳ février 1763, & il en sera fait mention sur leur cartouche ; il y sera également désigné le lieu où ils auront déclaré devoir se retirer.

Les hommes qui devront avoir leur congé absolu par rang d'ancienneté, & qui ne feront pas rengagés, ne participeront point à la distribution de l'habillement neuf, qui sera délivré pour l'année qui précèdera l'époque de leur congé ; les Officiers de l'État-major auront attention de consulter, à cet effet, le Tableau du régiment, & de se conformer exactement à la présente disposition.

Les hommes qui feront tirés pour le corps des Grenadiers de France, n'emporteront avec eux que les parties d'habillement qui feront dans la dernière année de leur service. Ceux qui feront tirés pour la compagnie des Grenadiers à cheval, n'emporteront avec eux ni le sabre ni le bonnet uniforme de peau d'ours.

<h2 style="text-align:center">A R T I C L E 2.</h2>

<h2 style="text-align:center">De la Coiffure.</h2>

LES cheveux des Soldats feront retroussés en cadenettes

fous le chapeau, les faces feront roulées fur une lame de plomb ou carton.

Les Grenadiers feront coiffés avec des bonnets de peau d'ours, ornés fur le devant d'une plaque de cuivre jaune, timbrée de l'écuffon aux armes du Roi, & garnis de cordons & galons de fil blanc; l'intérieur du bonnet fera de cuir naturel fans être bouilli; le derrière fera couvert de drap de la couleur du parement: indépendamment dudit bonnet, dont la durée eft réglée à fix ans, il fera délivré un chapeau à chaque Grenadier pour le même efpace de temps.

Les chapeaux des Fourriers, Sergens, Soldats, Tambours-majors, Muficiens & Tambours, feront remplacés tous les deux ans.

Chaque Soldat fe fournira d'une cocarde de bafin blanc, & il ne fera permis ou toléré aucune houpe ni bourdaloue.

ARTICLE 3.

Des marques diftinctives des grades des Fourriers, Sergens, Caporaux & Appointés de l'Infanterie.

LES deux Soldats-charpentiers par bataillon, feront armés de groffes haches & de fabres, & ils porteront un tablier de peau de veau noircie, avec un bonnet de peau d'ours fans plaque, & moins élevé de trois pouces que celui des Grenadiers; la première fourniture defdits effets, fera faite fur la Maffe de l'habillement: l'entretien, les réparations journalières, & le remplacement des haches & tabliers, fera fait, quand il fera néceffaire, fur la Maffe des réparations.

Les Fourriers porteront deux bandes de galon d'argent fin, large de douze lignes, coufues en travers fur le dehors de la manche, au-deffus du plis du bras.

Ils porteront de plus un bordé de même galon fur le bras, à fix lignes au-deffus du parement, & parallèlement autour de la manche.

Les Sergens porteront le fimple bordé de galon fin, auffi fur le bras, à fix lignes au-deffus du parement.

Les Caporaux des régimens qui auront l'habit blanc, porteront au-deſſus & parallèlement au parement, un double bordé de galon bleu; le premier ſera placé à ſix lignes du parement, & le ſecond à trois lignes du premier.

Les Appointés porteront un ſeul bordé au-deſſus du parement; ceux des régimens qui auront l'habit bleu ou rouge, porteront les diſtinctions en galon blanc.

A R T I C L E 4.

De l'habillement des Muſiciens & Tambours.

LES deux Clarinets & le Fifre établis dans chaque bataillon des régimens d'Infanterie, qui ſeront compoſés de deux, de trois & de quatre bataillons, & les quatre Clarinets & le Fifre entretenus dans chaque régiment d'un bataillon pour l'accompagnement des Tambours, porteront l'habit du fond de l'habillement des Tambours, ſans livrée; il ſera bordé autour du parement, de galon d'argent fin, large de douze lignes; le collet ſera auſſi bordé d'un petit galon fin de ſix lignes de largeur; les revers, paremens, collet, doublure, veſte & culotte ſeront au ſurplus de même qu'il ſera ci-après réglé pour les Tambours.

Tous les Tambours porteront l'habit de drap bleu, affecté à la livrée du Roi, avec les revers, paremens, collets, veſtes, culottes & doublures des couleurs déterminées, coupe des poches & poſition des boutons réglés pour chaque régiment; à l'exception de ceux de la Reine, des Princes du Sang, des régimens Allemands, autres que ceux qui ont le titre de Royal, & des Suiſſes, qui continueront à porter l'habit de la livrée des Colonels, en ſe conformant toutefois aux marques diſtinctives de l'uniforme de chaque corps; de ſorte que les paremens, collets & revers qui ſe trouveront dans l'uniforme des Soldats, de même couleur que le fond de leur habit, ſeront de même drap pour les Tambours, que ſera celui de leur habit.

L'habit ſera bordé d'un galon de livrée de la largeur

de

de neuf lignes, les manches feront bardées de fept bandes de même galon, coufues fur le dehors du bras, d'une couture à l'autre, à diftance égale; le devant de l'habit au-deffous des revers, fera de plus orné de trois agrémens de chaque côté, formés avec un galon de même livrée, de dix-huit lignes de large; les poches le feront de fix, & chaque parement le fera de deux.

L'habit du Tambour-major, fera le même que celui des autres Tambours, il fera de plus galonné d'un galon de même livrée, de neuf lignes, fur les coutures de la taille; & il fera fubftitué au bordé & aux agrémens de livrée fur les paremens, un double bordé en galon de douze lignes de large.

Le fût ou caiffe de Tambour fera en cuivre, de douze pouces de hauteur, fur treize pouces & demi à quatorze pouces de diamètre; il fera du poids de fept livres & demie au moins; il ne fera timbré ou gravé d'aucun ornement, écuffons ou trophées, & il y fera feulement empreint le numéro du régiment.

ARTICLE 5.
De l'habillement des Officiers.

L'UNIFORME des Officiers fera femblable à celui des Soldats, & ne différera que par la qualité des draps d'Elbeuf ou des manufactures de même efpèce, & des boutons qui feront dorés ou argentés.

Les cheveux des Officiers feront retrouffés en cadenettes fous le chapeau, à l'exception de ceux des Officiers de l'État-major, commandans à cheval, qui feront liés en queue.

Les Officiers des compagnies de Grenadiers, feront coiffés de bonnets de peau d'ours du même modèle que ceux réglés pour les compagnies; les galons & glands dont ils feront garnis, feront tiffus de filé d'argent ou mélangés de filés d'argent & de foie dans la proportion réglée pour les épaulettes.

Les Officiers de l'État-major & ceux des compagnies de Fufiliers, feront coiffés avec des chapeaux bordés de galon d'argent fans clinquant ni feſton, garnis de cocardes blanches ; aucun Officier ne pourra porter de plumets avec l'habit uniforme, ſous tel prétexte que ce ſoit.

Toute eſpèce de liſéré ou paſſe-poil de couleur, ſera & demeurera défendu à l'habillement de l'Officier, comme à celui du Soldat.

ARTICLE 6.

Diſpoſitions générales ſur l'uniforme.

LES Officiers ne porteront, ſous aucun prétexte, de doublures de ſoie à leurs habit, veſte, redingote ou manteau ; ils ne porteront pareillement aucuns galons ou boutonnières de fil d'or ou d'argent, que ceux réglés pour leur uniforme.

Les redingotes feront de la couleur du drap uniforme.

Tous les Officiers, de quelque grade qu'ils ſoient, ſeront tenus de porter en toute occaſion, au régiment, leur habit uniforme tout le temps qu'ils exiſteront au ſervice. L'uſage des manchettes à dentelles ſera & demeurera prohibé.

ARTICLE 7.

Des marques diſtinctives des grades des Officiers de l'Infanterie.

LE Colonel ou celui qui commandera en chef un régiment, portera de chaque côté une épaulette de treſſe en or ou en argent, ſelon la couleur du bouton, blanc ou jaune, affectée au régiment, ornée de franges à graine d'épinards & nœuds de cordelières ; toute eſpèce de broderie ou paillette ſera & demeurera défendue.

Le Lieutenant-colonel portera à gauche une ſeule épaulette, de même garnie de franges, comme celle du Colonel.

Le Major portera de chaque côté une épaulette en or ou en argent, ornée de franges ſeulement, ſans graine d'épinards ou nœuds de cordelières.

Les Capitaines & les Aides-major, qui auront commiſſion

de Capitaine, porteront une épaulette en or ou en argent, ornée de franges, comme celle du Major.

Le Lieutenant ne pourra porter l'épaulette pleine en or ou en argent, elle fera lofangée de carreaux de foie, de la couleur tranchante des paremens, revers ou collet uniformes, réglés pour chaque régiment, fur un fond de treffe d'or ou d'argent uniforme à la couleur du bouton; la frange dont l'épaulette fera ornée, fera mêlée d'or ou d'argent & de foie dans la proportion du mélange qui fera dans le tiffu de l'épaulette.

Le Sous-lieutenant portera l'épaulette à fond de foie de la couleur tranchante de l'uniforme, avec des carreaux de treffe d'or ou d'argent, uniformes à la couleur du bouton, & des franges mêlées de foie & de filé d'or ou d'argent, en proportion du mélange de l'épaulette.

Le Porte-drapeau portera l'épaulette à fond de foie de la couleur tranchante de l'uniforme, liféré d'or ou d'argent fuivant la couleur du bouton, & garnie de franches afforties.

Les Officiers ne pourront porter que les diftinctions réglées & déterminées pour les emplois qu'ils exerceront dans les corps, quand même ils feroient pourvus de com-miffion de grade fupérieur, & ils fe conformeront à cet égard avec une fcrupuleufe exactitude aux modèles qui feront envoyés.

A R T I C L E 8.

De l'équipement du Soldat.

Les cols feront d'étoffe noire pour tous les régimens d'Infanterie qui porteront le collet du juftaucorps de couleur rouge; ils pourront être rouges pour ceux qui porteront les collets de l'habit de couleur différente de la rouge.

Les manches de chemifes pour l'Infanterie, feront fans manchettes; à l'exception de celles des Sergens qui pourront être garnies de toile fans rayure ni broderie, de douze à quinze lignes de hauteur.

Les guêtres noires & blanches feront de toile, fans qu'il y puiffe être rapporté de genouillères de cuir; elles fe termineront à une ligne au-deſſus de la rotule, le Soldat à genou, & ne pourront être garnies que de boutons couverts de fil blanc ou de toile, les jarretières feront de toile pareille aux guêtres.

Les Grenadiers & les Fourriers, Sergens, Caporaux, Soldats-charpentiers & Tambours des compagnies de Fuſiliers, & les Muſiciens, feront armés de ſabres.

Leſdits ſabres feront compoſés d'une lame pleine à dos, de vingt-deux pouces de long, de la largeur de ſeize lignes & de l'épaiſſeur de quatre lignes à l'endroit du talon, & ainſi par proportion, de forme courbe juſqu'à la pointe, & d'une poignée pleine de cuivre coulé, ſans coquille, mais avec une ſimple croiſée, dont la continuation formera une branche forte qui s'enchâſſera dans le pommeau fait en forme de caſque ou de bonnet ovale; le fourreau ſera de cuir de vache noircie, fort avec écliſſe, garni d'un bout de cuivre de la hauteur de trois pouces, & d'une chape d'un pouce & demi apparent, à laquelle il ſera ſoudé une cuvette recourbée en dedans, d'environ douze lignes, pour recouvrir l'épaiſſeur du cuir & faciliter l'entrée de la lame; la chape ſera garnie d'une courroie de cuir de cinq pouces de longueur ſur un pouce de largeur, pour y être ouvert une boutonnière qui fixera le ſabre au pendant du ceinturon, au moyen d'un bouton de cuir qui y ſera couſu.

Le ſabre ſera garni d'un cordon de cuir noir en forme de dragonne.

Le ceinturon deſtiné à porter le ſabre, ſera de buffle blanc, ſans piqûre; la courroie longue de quatre piéds & large de deux pouces, garnie d'une forte boucle de cuivre avec ardillon de fer forgé & chape ouverte, pour recevoir un crochet de cuivre, d'un ſeul pendant, auſſi de buffle blanc, propre à porter le ſabre & la baïonnette en ligne perpendiculaire un peu inclinée, & d'un paſſant de la largeur de ſix lignes; il y ſera attaché un étui de buffle haut de trois pouces, pour recouvrir & enfermer la douille de la baïonnette, il ſera attaché ſur le pendant du ceinturon deux petits boutons de cuir pour fixer le fourreau du ſabre & de la baïonnette, au

moyen

moyen d'une courroie ouverte en boutonnière dont ils feront garnis.

Les ceinturons des Fufiliers, qui ne porteront ni fabres ni épées, feront également de buffle blanc fans piqûre, la courroie fera longue de quatre pieds fur dix-huit lignes de largeur, garnie d'une boucle de cuivre, chape, crochet de même métal & ardillon de laiton, d'un petit pendant en couteau-de-chaffe, propre à porter la baïonnette, de fon coulant & d'un étui pour recouvrir la douille, le pendant portera un petit bouton de cuir pour recevoir la courroie ouverte en boutonnière, qui fera attachée au fourreau de la baïonnette.

Tous les ceinturons feront portés en ceinture fur fa vefte.

La giberne des Grenadiers, à l'exception de celle des Sergens & des Fourriers defdites compagnies, qui fera plus petite & plus légère, fera faite en forme de boîte carrée de cuir noir fort, les parties de cuir qui formeront les flancs de ladite boîte, feront également fortes, fans qu'il puiffe y être introduit un entre-deux de carton, elles feront prolongées de façon à pouvoir être recourbées fur l'ouverture de la giberne, de deux pouces de chaque côté, afin de contenir les cartouches & de les préferver de l'humidité; la boîte fera de cinq pouces & demi de profondeur, bordée d'un cuir de veau fur toutes les faces, & propre à recevoir un coffret de bois de deux pouces & demi de hauteur, huit pouces & demi de longueur & deux pouces & demi d'épaiffeur, percé dans le milieu de fix trous fur deux rangs, & évidé de droite & de gauche en forme carrée, pour recevoir chacune un paquet de quinze cartouches d'artillerie.

La pattelette de la giberne ne fera point bordée, elle fera de cuir liffé noir, le plus fort poffible, fans couture; elle fera tenue affez grande pour déborder d'un pouce chaque flanc de la boîte, & d'un pouce & demi l'extrémité inférieure qui fera coupée en fefton; il fera coufu fur la face extérieure du caiffon de la giberne, une petite bourfe de cuir noir, pour mettre les pierres à fufil & la pièce graffe, garnie d'une lanière de cuir pour en fermer l'entrée, le deſſus de la pattelette ſera garni au milieu d'un trophée aux armes du Roi, en médaillon ovale de cuivre jaune, & d'une grenade en feu à chaque extrémité des quatre angles de la ſurface extérieure.

La courroie pour ſuſpendre la giberne, ſera de buffle blanc, longue de quatre pieds huit à dix pouces, & large de trente-ſix lignes; les extrémités ſeront prolongées par une petite courroie de cuir de vache ou de veau fort, de quatorze lignes de large, & s'attacheront à deux boucles de cuivre avec un ardillon de fer, enchappées & couſues ſous le caiſſon de la giberne; la courroie porte-giberne ſera contenue vers la partie ſupérieure du caiſſon, par une bande de cuir fort, large de deux pouces, pour empêcher qu'elle ne renverſe ſur le devant; le porte-giberne doublé en bandoulière paſſera entre le caiſſon & ladite bande de cuir, de façon que les deux parties ſe rapprochent dans le milieu, & ne ſoient ſéparées que par une couture double, diſtante de trois ou quatre lignes l'une de l'autre.

La giberne des Fuſiliers, non compris celle des Sergens deſdites compagnies, qui ſera plus petite & plus légère, ſera la même que celle des Grenadiers, à l'exception que la boîte de cuir fort aura neuf lignes de moins de profondeur, que la grandeur de la pattelette ſera diminuée en proportion, & qu'elle ne ſera garnie que d'un médaillon de cuivre jaune aux armes du Roi; les bretelles de fuſils ſeront de buffle blanc, longues de deux pieds dix pouces & larges de ſeize lignes; elles ſeront garnies à l'un des bouts d'une boucle de cuivre de forme convexe, & de lanières de cuir au bout oppoſé.

Les colliers ou porte-caiſſes de Tambours, ſeront également de buffle blanc ſans piqûre, coupés plus large dans la partie inférieure, & proportionnés dans la forme convenable.

Les havreſacs des Soldats ſeront de peau de veau à poil, doublés d'une toile forte; ils auront un pied de profondeur ſur quatre pouces d'épaiſſeur & dix-huit pouces de largeur, formant un carré long; le couvercle ou deſſus du havreſac ſera fait de façon à emboîter pour garantir de la pluie; il sera cousu en dedans un morceau de toile de la longueur & hauteur du havresac, pour former une séparation dans le milieu; il sera cousu en outre un autre morceau de toile de la séparation à la partie antérieure dudit havresac, pour placer les souliers, le sac à poudre & l'étui de fer-blanc; l'autre partie servira à mettre le pain, ils seront de grandeur convenable pour renfermer, non compris ce que le Soldat doit avoir sur le corps, deux chemises, un col, une culotte, un caleçon de rechange, une paire de guêtrès blanches pour l'été, & une noire pour l'hiver, une paire de bas, une paire de souliers, un étui garni de peignes, une paire de brosses à souliers, renfermées dans un petit sac; un étui de fer-blanc, contenant un bâton de cire noire, un bonnet pour coucher, le bonnet de police, & du pain pour quatre jours. Les Soldats auront de plus un sac de toile pour les distributions, & dans lequel ils s'envelopperont pour coucher.

Les havresacs seront fermés avec trois petites courroies & leurs boucles, ils seront portés avec des bretelles de buffle.

A R T I C L E 9.

De l'armement des Soldats de l'Infanterie.

LA compagnie de Grenadiers en totalité, & les Fourriers, Sergens, Caporaux, Appointés & Fusiliers des compagnies de Fusiliers, seront armés de fusils & de baïonnettes.

Le canon du fusil aura trois pieds six pouces de longueur, il sera rond, à l'exception d'un petit pan (de la longueur du rempart de la platine) qui sera conservé à chaque côté du tonnerre; le diamètre extérieur du canon vers la culasse, sera de quatorze lignes fortes; le diamètre extérieur vers le milieu du tonnerre, à quatre pouces de la culasse, sera de treize lignes, & il sera de douze lignes à huit pouces de la culasse; le diamètre extérieur au bout du canon ou à l'orifice, sera de neuf lignes fortes; le calibre aura sept lignes trois quarts de diamètre pour que la balle, de dix-huit à la livre, ait suffisamment de vent.

La lumière qui aura une ligne foible de diamètre, sera percée bien au milieu du petit pan à sept lignes de la culasse.

Le tenon de la baïonnette sera brasé en dessous du canon à vingt lignes justes de la bouche, il aura trois lignes fortes de longueur, deux lignes & demie de largeur, & une ligne & demie de hauteur, il sera limé à tête de diamant.

Le fusil sera monté en bois de noyer, la crosse aura quatorze pouces six lignes de longueur, & vingt-deux à vingt-trois lignes d'épaisseur.

La baguette sera d'acier trempé & recuite, pèsera environ une demi-livre, la tête, dont le dessus sera un peu arrondi, aura sept lignes de diamètre; la baguette appuyée sur la culasse, sera plus longue que le canon d'environ quatre lignes, & cet excédant sera taraudé pour recevoir un tire-bourre, l'extrémité de la baguette aura environ deux lignes de diamètre.

Le fusil monté & garni, pèsera huit livres & demie, poids de marc, sans baïonnette.

La baïonnette sera à trois carres ou pans, elle aura treize pouces de lame, non compris un pouce de coude jusqu'au retour qui va rejoindre la douille, laquelle aura trois pouces deux lignes de hauteur.

Les Fourriers des compagnies de Fusiliers, indépendamment du fusil dont ils seront armés, porteront pour les campemens une fiche longue de six pieds, garnie d'une banderolle de drap de la couleur du régiment.

Les canons de fusils seront éclaircis, & ne pourront être bronzés sous aucun prétexte; la batterie de fusil sera couverte d'une capucine de buffle, dont le Soldat se fournira au moyen des vieilles courroies de ceinturons ou de gibernes qui seront remplacées.

ARTICLE 10.

De l'armement des Officiers à la tête de leur troupe.

LES Officiers des compagnies de Grenadiers & de

Fusiliers, seront armés de fusils & de baïonnettes ; les Colonels & les Lieutenans-colonels d'Infanterie, sous les armes, porteront l'épée à la main, soit à cheval, soit à pied ; le Major & les Aides - major feront de même, à cheval ou à pied, l'épée à la main.

Les Officiers de l'État-major porteront sur la veste, sous les armes, leur ceinturon qui sera large de vingt-quatre lignes.

ARTICLE II.

De l'équipement des Officiers.

LE ceinturon sera de buffle blanc, large de deux pouces, il sera garni d'un porte-sabre de même cuir & d'un porte-baïonnette, sur lequel il sera cousu un petit bouton pour assujettir le fourreau de la baïonnette, lequel sera garni d'une petite courroie de cuir ouverte en boutonnière.

L'épée pour tous les Officiers indistinctement, sans ex-cepter ceux des compagnies de Grenadiers, sera à garde de cuivre doré, & poignée d'argent à la Mousquetaire, elle sera garnie d'une dragonne ou cordon à un seul gland, mêlée de filés d'or & de soie de la couleur tranchante réglée pour l'uniforme de chaque régiment, dans la proportion déterminée sur le mélange des épaulettes réglées pour la distinction de chaque grade, c'est-à-dire un peu de soie tracée à chaque extrémité de la largeur du cordon en or, avec gland orné de franges & nœuds de cordelières pour les Colonels & les Lieutenans-colonels.

Le double de soie dans le cordon d'or, garni d'un gland avec franges simples pour le Major & les Capitaines.

Le cordon en mosaïque de soie & carreaux d'or, avec le gland mêlé de soie & de filé d'or pour les Lieutenans.

Le cordon en mosaïque d'or & les carreaux en soie, avec le gland mêlé de soie & de filé d'or, pour les Sous-lieutenans.

Le cordon en soie, liséré de filé d'or, garni d'un gland à franges de soie & de filé d'or, pour le Quartier-maître & le Porte-drapeau.

Habillement.   D

La lame fera plate & forte, longue de vingt-fix pouces.

L'épée pour les Officiers de l'État-major, fera de la même forme que celle des autres Officiers, fi ce n'eft que la monture en fera plus forte, & la lame de deux ou trois pouces plus longue.

La cartouche des Officiers fera percée à feize coups fur deux rangs; la boîte fera de cuir noir, bordée de même, recouverte d'une pattelette de cuir noir liffé, fans bordure ni galon; elle fera ornée au milieu d'un écuffon aux armes du Roi & trophées de cuivre doré.

Celle des Officiers de Grenadiers, fera de plus ornée de deux petites grenades en feu aux extrémités inférieures de la pattelette.

Cette cartouche fera fufpendue par une courroie de buffle blanc, large de vingt-fept lignes.

Les Officiers, même les fupérieurs & ceux de l'État-major, qui feront de fervice, porteront le hauffe-col de cuivre doré, orné dans le milieu d'un médaillon en argent aux armes du Roi.

Les bretelles de fufils feront de buffle blanc, larges de feize lignes.

<h3 style="text-align:center">A R T I C L E 1 2.</h3>

<h2 style="text-align:center">Des Drapeaux.</h2>

L A monture des drapeaux, & la fourniture des cravates de taffetas dont ils doivent être garnis, feront & demeureront, ainfi qu'il a été pratiqué, aux frais des Colonels.

<h3 style="text-align:center">A R T I C L E 1 3.</h3>

<h2 style="text-align:center">Des faux-frais dans les Régimens.</h2>

L A dépenfe du papier pour écrire, de l'encre, des plumes, livrets des Fourriers, fecrétaires, ports de lettres, & des autres objets relatifs à l'ordre de la comptabilité & de la correfpondance, fera & demeurera fixée à la fomme de dix livres par mois par bataillon, dont la moitié fera acquittée par le produit de la Maffe des cinq livres; & l'autre

moitié fur le produit de la folde, demi-folde & maffe de
retenue pour l'entretien du Soldat, conformément à l'Ordonnance du 20 mars 1764 ; le furplus de la dépenfe fera
& demeurera à la charge des Majors.

ARTICLE 14.

De l'uniforme des Régimens d'Infanterie françoife.

PICARDIE.

HABIT, vefte, paremens, revers & collet de drap blanc,
culotte de tricot de la même couleur, doubles poches en long
garnies de neuf boutons chacune, en patte-d'oie, le deffous de
la manche & du parement fermé par fix petits boutons, fept à
chaque revers, trois au-deffous : les boutons jaunes, n.° 1.er

Chapeau bordé de galon blanc.

CHAMPAGNE.

Habit, vefte, paremens, revers & collet de drap blanc, culotte
de tricot de même couleur, doubles poches en long garnics de fix
boutons chacune, à diftance égale, le deffous de la manche &
du parement fermé par fix petits boutons, fept au revers & trois
au-deffous : les boutons jaunes, n.° 2.

Chapeau bordé de galon blanc.

NAVARRE.

Habit, vefte de drap blanc, paremens, revers & collet de drap
bleu-célefte, culotte de tricot blanc, poches carrées en écuffon
garnics de neuf boutons, dont quatre de chaque côté, & un à la
pointe de l'écuffon, le parement petit & fermé en deffous par
trois petits boutons, précédés par trois autres petits boutons à
la manche, fept au revers & trois au-deffous : boutons jaunes,
n.° 3.

Chapeau bordé de galon blanc.

PIÉMONT.

Habit & vefte de drap blanc, culotte de tricot de même
couleur, paremens, revers & collet de panne noire, pattes en
travers à demi-écuffon, garnies de cinq boutons, dont un à chacun
des quatre angles, & un à la pointe du milieu de l'écuffon, le
deffous de la manche & du parement fermé par fix petits boutons,
fept au revers & trois au-deffous : boutons jaunes, n.° 4.

Chapeau bordé de galon blanc.

NORMANDIE.

Habit & vefte de drap blanc, culotte de tricot blanc, paremens, revers & collet de panne noire, pattes en travers garnies de trois boutons, le deffous de la manche & du parement fermé par fix petits boutons, fept au revers & trois au-deffous : boutons blancs, n.° 5.

Chapeau bordé de galon blanc.

LA MARINE.

Habit avec collet droit, de la hauteur d'un pouce, & vefte de drap blanc, culotte de tricot blanc, paremens & revers de panne noire, pattes ordinaires en travers garnies de trois boutons, le deffous de la manche & du parement fermé par fix petits boutons, fept au revers & trois au-deffous : boutons jaunes, n.° 6.

Chapeau bordé de galon blanc.

BOURBONNOIS.

Habit, vefte, paremens, collet & revers de drap blanc, culotte de tricot de même couleur, doubles poches en long garnies de fix boutons de deux en deux, le deffous de la manche & du parement fermé par fix petits boutons, fept au revers & trois au-deffous : boutons jaunes, n.° 7.

Chapeau bordé de galon blanc.

BÉARN.

Habit, vefte, paremens & revers de drap blanc, culotte de tricot blanc, collet rouge, poches en travers garnies de trois boutons, le deffous de la manche & du parement fermé par fix petits boutons, fept au revers & trois au-deffous : boutons jaunes, n.° 8.

Chapeau bordé de galon blanc.

AUVERGNE.

Habit & vefte de drap blanc, culotte de tricot de même couleur, paremens, revers & collet de drap violet, pattes ordinaires garnies de trois boutons, le deffous de la manche & du parement fermé par fix petits boutons, fept au revers & trois au-deffous : boutons blancs, n.° 9.

Chapeau bordé de galon blanc.

FLANDRE.

Habit & vefte de drap blanc, culotte de tricot de même couleur, paremens, revers & collet de drap violet, pattes ordinaires garnies

de

de trois boutons, le deſſous de la manche & du parement fermé par ſix petits boutons, ſept au revers & trois au-deſſous : boutons jaunes, n.º 10.

Chapeau bordé de galon blanc.

GUYENNE.

Habit, veſte, revers & paremens de drap blanc, collet rouge, culotte de tricot blanc, la poche en long garnie de trois boutons, le deſſous de la manche & du parement fermé par ſix petits boutons, ſept au revers & trois au-deſſous : boutons jaunes, n.º 11.

Chapeau bordé de galon blanc.

DU ROI.

Habit blanc garni de neuf agrémens aurores & autant de boutons jaunes, paremens bleus avec trois agrémens & boutons, poches en travers garnies de trois agrémens & boutons, veſte bleue garnie de vingt agrémens aurores & autant de boutons, poche garnie de cinq agrémens & boutons, doublure de l'habit bleuë, celle de la veſte de toile rouſſe, culotte de tricot blanc, n.º 12.

Chapeau bordé de galon jaune.

ROYAL.

Habit & veſte de drap blanc, paremens, revers & collet bleus, culotte de tricot blanc, doubles poches en long garnies de trois boutons chacune, le deſſous de la manche & du parement fermé par ſix petits boutons, ſept petits au revers & trois gros au-deſſous : boutons blancs, n.º 13.

Chapeau bordé de galon blanc.

POITOU.

Habit, veſte & culotte blancs, paremens, revers & collet bleus, doubles poches en long avec chacune ſix boutons de deux en deux, le deſſous de la manche & du parement fermé par ſix petits boutons, ſept au revers, dont un détaché, ſix de deux en deux & trois au-deſſous : boutons jaunes, n.º 14.

Chapeau bordé de galon blanc.

LYONNOIS.

Habit, veſte & culotte blancs, paremens, revers & collet rouges, doubles poches en long garnies chacune de trois boutons, le deſſous de la manche & du parement fermé par ſix petits boutons, ſept au revers & trois au-deſſous : boutons jaunes, n.º 15.

Chapeau bordé de galon blanc.

Habillement.　　　　　　　　　　　　　　E

DAUPHIN.

Habit, collet, veste & culotte blancs, paremens & revers bleus, une seule poche en long de chaque côté garnie de neuf boutons en patte-d'oie, neuf petits boutons sur chaque parement, le dessous du parement & de la manche sera fermé par six petits boutons, sept au revers & trois au-dessous : boutons jaunes, n.° 16.

Chapeau bordé de galon blanc.

AUNIS.

Habit, paremens, veste & culotte blancs, revers & collet rouges : poches à l'ordinaire garnies de cinq boutons, le dessous de la manche & du parement fermé par six petits boutons, sept au revers & trois au-dessous : boutons blancs, n.° 17.

Chapeau bordé de galon blanc.

TOURAINE.

Habit, veste & culotte blancs, paremens, revers & collet bleus, la poche en long garnie de six boutons, le dessous de la manche & du parement fermé par six petits boutons, sept au revers & trois au-dessous : boutons blancs, n.° 18.

Chapeau bordé de galon blanc.

AQUITAINE.

Habit, veste & culotte blancs, paremens, revers & collet bleus, poche ordinaire garnie d'un liséré bleu avec cinq boutons ; le dessous de la manche & du parement fermé par six petits boutons, sept au revers & trois au-dessous : boutons jaunes, n.° 19.

Chapeau bordé de galon blanc.

EU.

Habit, revers, veste & culotte blancs, collet & paremens bleus ; poches ordinaires avec trois boutons, le dessous de la manche & du parement fermé par six petits boutons, six au revers & trois au-dessous : boutons jaunes, n.° 20.

Chapeau bordé de galon blanc.

DAUPHINÉ.

Habit, veste & culotte blancs, paremens, revers & collet de drap cramoisi, pattes en demi-écusson, garnies de sept boutons, trois en hauteur de chaque côté & un à la pointe, le dessous de la manche & du parement fermé par six petits boutons, six au revers & trois au-dessous : boutons jaunes, n.° 21.

Chapeau bordé de galon blanc.

ISLE DE FRANCE.

Habit, collet, veste & culotte blancs, paremens & revers rouges, doubles poches en long, garnies chacune de six boutons de deux en deux, le dessous de la manche & du parement fermé par six petits boutons, six au revers & trois au-dessous: boutons jaunes, n.° 22.

Chapeau bordé de galon blanc.

SOISSONNOIS.

Habit, revers, culotte & veste blancs, paremens & collet rouges, pattes ordinaires garnies de trois boutons, le dessous de la manche & du parement fermé par six petits boutons, six au revers & trois au-dessous: boutons jaunes, n.° 23.

Chapeau bordé de galon blanc.

LA REINE.

Habit, veste & culotte blancs, paremens, revers & collet rouges, pattes en écusson garnies de huit boutons, dont quatre sur la hauteur de chaque côté, le dessous de la manche & du parement fermé par six boutons, six au revers & trois au-dessous: boutons blancs, n.° 24.

Chapeau bordé de galon blanc.

LIMOSIN.

Habit, collet, veste & culotte blancs, paremens & revers rouges, pattes ordinaires garnies de quatre boutons, le dessous de la manche & du parement fermé par six petits boutons, six au revers & trois au-dessous: boutons jaunes, n.° 25.

Chapeau bordé de galon blanc.

ROYAL-VAISSEAUX.

Habit, veste & culotte blancs, paremens, collet & revers bleus, doubles poches en long garnies de trois boutons chacune, six au revers & trois au-dessous, le dessous de la manche & du parement fermé par six petits boutons: boutons jaunes empreints d'un vaisseau, n.° 26.

Chapeau bordé de galon blanc.

ORLÉANS.

Habit, doublure, culotte & veste blancs, paremens, revers & collet de drap rouge, poches en écusson garnies de neuf petits boutons, dont quatre sur la hauteur de chaque côté de la patte & un au milieu, le dessous de la manche & du parement fermé par six petits boutons, six petits au revers & trois gros au-dessous:

boutons jaunes aux armes d'Orléans, n.° 27.

Chapeau bordé de galon blanc.

LA COURONNE.

Habit, veste & culotte blancs, paremens, collet & revers bleus, pattes ordinaires garnies de trois boutons, le dessous de la manche & du parement fermé par six petits boutons, six petits au revers & trois gros au-dessous : boutons blancs empreints de la couronne de France, n.° 28.

Chapeau bordé de galon blanc.

BRETAGNE.

Habit, paremens, veste & culotte blancs, revers & collet noirs, pattes ordinaires garnies de quatre boutons, le dessous de la manche & du parement fermé par six petits boutons, six au revers & trois au-dessous : boutons jaunes, n.° 29.

Chapeau bordé de galon blanc.

LORRAINE.

Habit, doublure, veste & culotte blancs, paremens, collet & revers de panne noire, doubles poches en long garnies de trois boutons, le dessous de la manche & du parement fermé par six petits boutons, six petits au revers & trois gros au-dessous : boutons jaunes, n.° 30.

Chapeau bordé de galon blanc.

ARTOIS.

Habit, paremens, revers, veste & culotte blancs, collet bleu ; pattes en écusson garnies de neuf boutons, trois sur la hauteur de chaque côté, & trois en bas presqu'en triangle, le dessous de la manche & du parement fermé par six petits boutons, six au revers & trois au-dessous : boutons jaunes, n.° 31.

Chapeau bordé de galon blanc.

BERRI.

Habit, revers, veste & culotte blancs, paremens & collet de drap cramoisi, pattes ordinaires garnies de trois boutons, le dessous de la manche & du parement fermé par six petits boutons, six au revers & trois au-dessous : boutons jaunes, n.° 32.

Chapeau bordé de galon blanc.

HAINAULT.

Habit, veste & culotte blancs, paremens, revers & collet de drap cramoisi, pattes ordinaires garnies de trois boutons, le dessous

de

de la manche & du parement fermé par six petits boutons, six au revers & trois au-dessous ; boutons blancs, n.° 33.

Chapeau bordé de galon blanc.

LA SARRE.

Habit, collet, revers, veste & culotte blancs, paremens bleus, pattes ordinaires garnies de trois boutons, le dessous de la manche & du parement fermé par six petits boutons, six au revers & trois au-dessous : boutons jaunes, n.° 34.

Chapeau bordé de galon blanc.

LA FÈRE.

Habit, collet, veste & culotte blancs, paremens & revers rouges, pattes ordinaires garnies de trois boutons, le dessous de la manche & du parement fermé par six petits boutons, six au revers & trois au-dessous : boutons blancs, n.° 35.

Chapeau bordé de galon blanc.

ROYAL-ROUSSILLON.

Habit, veste & culotte blancs, paremens, revers & collet verts, pattes ordinaires garnies de trois boutons ; le dessous de la manche & du parement fermé par six petits boutons, six au revers & trois au-dessous : boutons jaunes, n.° 37.

Chapeau bordé de galon blanc.

CONDÉ.

Habit, veste & culotte blancs, paremens, revers, collet & doublure rouges, pattes ordinaires garnies de cinq boutons, le dessous de la manche & du parement fermé par six petits boutons, six au revers & trois au-dessous : boutons jaunes aux armes de Condé, n.° 38.

Chapeau bordé de galon blanc.

BOURBON.

Habit, veste & culotte blancs, paremens, revers & collet rouges, doubles poches en long garnies chacune de neuf petits boutons en patte-d'oie, le dessous de la manche & du parement fermé par six petits boutons, six petits au revers & quatre gros au-dessous : boutons blancs, n.° 39.

Chapeau bordé de galon blanc.

GRENADIERS DE FRANCE.

Habit bleu, revers, collet, paremens de drap citron, avec

Habillement.   F des agrémens blancs fur l'habit, doublure, vefte & culotte blanches, poches ordinaires garnies de trois gros boutons & autant fur le parement, fept petits au revers & trois gros au-deffous : boutons blancs avec une rofe au milieu.

Bonnet de peau d'ours avec une plaque jaune marquée des armes du Roi.

BEAUVOISIS.

Habit, vefte, paremens & culotte blancs, collet & revers verts, doubles poches en long garnies chacune de quatre boutons à diftance égale, le deffous de la manche & du parement fermé par fix petits boutons, fix petits au revers & trois au-deffous : boutons blancs, n.° 41.

Chapeau bordé de galon blanc.

ROUERGUE.

Habit, paremens, collet, vefte & culotte blancs, reverts verts, pattes ordinaires garnies de trois boutons, le deffous de la manche & du parement fermé par fix petits boutons, fix au revers & trois gros au-deffous : boutons jaunes, n.° 42.

Chapeau bordé de galon blanc.

BOURGOGNE.

Habit, revers, vefte & culotte blancs, collet & paremens verts, pattes ordinaires garnies de trois boutons, le deffous de la manche & du parement fermé par fix petits boutons, fix au revers & trois gros au deffous, boutons jaunes, n.° 43.

Chapeau bordé de galon blanc.

ROYAL-LA-MARINE.

Habit, collet, revers, vefte & culotte blancs, paremens verts, pattes ordinaires garnies de trois boutons, le deffous de la manche & du parement fermé par fix petits boutons, fix au revers & trois au-deffous : boutons blancs, n.° 44.

Chapeau bordé de galon blanc.

VERMANDOIS.

Habit, paremens, revers de drap blanc, vefte & culotte blanches, collet vert, doubles poches en long garnies d'un paffe - poil de drap vert, & de fix boutons chacune, de deux en deux, le deffous de la manche & du parement fermé par fix petits boutons, fix petits au revers & trois gros au-deffous : boutons jaunes, n.° 45.

Chapeau bordé de galon blanc.

LANGUEDOC.

Habit, paremens, veste & culotte blancs, revers & collet verts, pattes plus larges que hautes, garnies de six boutons, trois de chaque côté, le dessous de la manche & du parement fermé par six petits boutons, six au revers & trois au - dessous: boutons jaunes, n.° 53.

Chapeau bordé de galon blanc.

BEAUCE.

Habit, veste & culotte blancs, paremens, revers & collet verts, pattes ordinaires plus échancrées, garnies de cinq boutons, dont un à chaque coin & un dans le milieu, le dessous de la manche & du parement fermé par six petits boutons, six au revers & trois au-dessous: boutons jaunes, n.° 54.

Chapeau bordé de galon blanc.

MÉDOC.

Habit, veste, culotte, paremens & collet blancs, revers verts, pattes ordinaires garnies de trois boutons, le dessous de la manche & du parement fermé par six petits boutons, six au revers & trois au-dessous: boutons blancs, n.° 56.

Chapeau bordé de galon blanc.

VIVARAIS.

Habit, revers, collet, veste & culotte blancs, paremens verts, une poche en long garnie de trois boutons, le dessous de la manche & du parement fermé par six petits boutons, six au revers & trois au-dessous: boutons jaunes, n.° 57.

Chapeau bordé de galon blanc.

VEXIN.

Habit, veste & culotte blancs, paremens, revers & collet verts, une poche en long garnie de quatre boutons dont deux au milieu, le dessous de la manche & du parement fermé par six petits boutons, six petits au revers & trois gros au - dessous: boutons jaunes, n.° 58.

Chapeau bordé de galon blanc.

ROYAL-COMTOIS.

Habit, revers, veste & culotte blancs, collet & paremens verts, doubles poches en long garnies de cinq boutons, dont un au milieu & deux à chaque bout, placés en ligne droite sur la largeur de la patte, le dessous de la manche & du parement fermé par six petits boutons, fix au revers, trois au-deſſous : boutons jaunes, n.° 59.

Chapeau bordé de galon blanc.

LAMBALLE.

Habit, collet, veſte & culotte blancs, revers & paremens de drap bleu, poche en écuſſon plus large que haute, garnie de cinq boutons en patte-d'oie, dont un à chaque coin, précédé de boutonnières en biais ; & un au milieu, le deſſous de la manche ou du parement fermé par ſix petits boutons, ſix petits au revers, & trois gros au-deſſous ; boutons jaunes, aux armes du Prince, n.° 60.

Chapeau bordé de galon blanc.

PROVENCE.

Habit, revers, veſte, doublure & culotte blancs, collet & paremens verts, la patte en travers un peu fendue dans le milieu, garnie de quatre boutons, ſix petits boutons en chapelet ſur le parement, lequel, ainſi que la manche, feront fermés en deſſous par ſix petits boutons, ſix petits au revers & trois gros au-deſſous : boutons blancs, n.° 61.

Chapeau bordé de galon blanc.

PENTHIÉVRE.

Habit, revers, veſte & culotte blancs, collet & paremens bleus, la poche en travers, garnie de trois boutons, à diſtance égale, autant ſur la manche, ſix au revers, le deſſous de la manche & du parement fermé par ſix petits boutons : boutons blancs aux armes de Penthièvre, n.° 64.

BOULONOIS.

Habit, revers, paremens, veſte & culotte blancs, collet vert, pattes en écuſſon garnies de ſix boutons, dont deux de chaque côté & deux au milieu, le deſſous de la manche & du parement fermé par ſix petits boutons, ſix petits au revers & trois gros au-deſſous : boutons blancs, n.° 65.

Chapeau bordé de galon blanc.

ANGOUMOIS.

Habit, paremens, collet, veſte, culotte & doublure blancs, revers verts, la poche en long garnie de quatre boutons, dont deux au milieu, le deſſous de la manche & du parement fermé par ſix petits boutons, ſix petits au revers & trois au-deſſous : boutons blancs, n.° 66.

Chapeau bordé de galon blanc.

PÉRIGORD.

PÉRIGORD.

Habit, revers, veste & culotte blancs, paremens & collet verts, pattes ordinaires garnies de trois boutons, le dessous de la manche & du parement fermé par six petits boutons, six petits au revers & trois gros au-dessous : boutons blancs, n.° 67.

Chapeau bordé de galon blanc.

SAINTONGE.

Habit, collet, veste & culotte blancs, paremens & revers verts, pattes ordinaires garnies de cinq boutons, dont un à chaque coin de la patte & un au milieu, le dessous de la manche & du parement fermé par six petits boutons, six petits au revers & trois gros au-dessous : boutons blancs, n.° 68.

Chapeau bordé de galon blanc.

FORÈS.

Habit, paremens, veste & culotte blancs, revers & collet verts, pattes ordinaires garnies de trois boutons, le dessous de la manche & du parement fermé par six petits boutons, six petits au revers & trois gros au-dessous : boutons blancs, n.° 69.

Chapeau bordé de galon blanc.

CAMBRESIS.

Habit, doublure, collet, revers, veste & culotte blancs, paremens verts, pattes ordinaires garnies de cinq boutons, le dessous de la manche & du parement fermé par six petits boutons, six petits au revers & trois gros au-dessous : boutons jaunes, n.° 70.

Chapeau bordé de galon blanc.

TOURNAISIS.

Habit, veste & culotte blancs, doublure blanche, collet, paremens & revers verts, la poche en long garnie de cinq boutons, les trois du milieu en patte-d'oie, le dessous de la manche & du parement fermé par six petits boutons, six petits au revers & trois gros au-dessous : boutons blancs, n.° 71.

Chapeau bordé de galon blanc.

FOIX.

Habit, parement, collet, veste & culotte blancs, revers verts, la poche en long garnie de neuf boutons en patte-d'oie, le dessous

Habillement.   G

de la manche & du parement fermé par six petits boutons, six petits au revers & trois gros au-deſſous : boutons jaunes., n.° 72.

Chapeau bordé de galon blanc.

QUERCY.

Habit, parement, collet, veſte & culotte blancs, revers verts, la poche en long garnie de neuf boutons en patte-d'oie, le deſſous de la manche & du parement fermé par six petits boutons, six petits au revers & trois gros au-deſſous : boutons blancs, n.° 73.

Chapeau bordé de galon blanc.

COMTE-DE-LA-MARCHE.

Habit, revers, veſte & culotte blancs, collet & paremens de drap violet, pattes ordinaires garnies de cinq boutons, le deſſous de la manche & du parement fermé par six petits boutons, six petits au revers & trois gros au-deſſous : boutons blancs, n.° 74.

Chapeau bordé de galon blanc.

CHARTRES.

Habit, veſte, culotte & doublures blancs, revers, paremens & collet rouges, poches en écuſſon plus larges que hautes, garnies de cinq boutons en patte-d'oie, dont un à chacun des quatre coins, précédés de boutonnières en biais, & un au milieu; cinq petits boutons ſur le parement, lequel, ainſi que la manche, ſeront fermés en deſſous par ſix petits boutons, ſix petits au revers & trois gros au-deſſous : boutons jaunes aux armes du Prince, n.° 81.

Chapeau bordé de galon blanc.

CONTY.

Habit, doublure, veſte & culotte blancs, revers, paremens & collet de drap bleu, pattes en écuſſon garnies de cinq boutons, dont un à chaque angle & un au milieu, le deſſous de la manche & du parement fermé par ſix petits boutons, ſix au revers & trois gros au-deſſous : boutons blancs, n.° 82.

Chapeau bordé de galon blanc.

ENGHIEN.

Habit, revers, veſte & culotte blancs, paremens & collet rouges, doubles poches en long garnies de cinq boutons, trois au milieu & un à chaque extrémité, le deſſous de la manche & du parement fermé par ſix petits boutons, ſix petits au revers & trois gros au-deſſous : boutons blancs aux armes de Condé, n.° 85.

Chapeau bordé de galon blanc.

De l'Uniforme des Régimens Suisses & Grisons.

ERLACH.

Habit de drap rouge, doublure de serge ou cadis blanc, paremens, collet & revers de panne noire, une poche en long garnie de trois boutons, trois petits au parement, sept au revers à distance égale, & trois gros au-dessous : boutons blancs unis.

Veste & culotte d'étoffe blanche.

Chapeau bordé de galon blanc.

BOCCARD.

Habit & collet de drap rouge, doublure de serge ou cadis blanc, paremens & revers de drap jaune, la poche en travers garnie de trois gros boutons, trois petits au parement, sept au revers à distance égale, & trois au-dessous : boutons blancs unis.

Veste & culotte d'étoffe blanche.

Chapeau bordé de galon blanc.

PFIFFER.

Habit de drap rouge, doublure de serge ou cadis blanc, paremens, collet & revers de drap bleu-de-roi, la poche en long garnie de trois gros boutons, trois petits au parement, sept au revers à distance égale, & trois gros au-dessous : boutons blancs unis.

Veste & culotte d'étoffe blanche.

Chapeau bordé de galon blanc.

CASTELLA.

Habit de drap rouge, doublure de serge ou cadis blanc, paremens, collet & revers de drap bleu-de-roi, poches en travers garnies de trois gros boutons, trois petits au parement, six au revers avec boutonnières de poil de chèvre blanc, détachés par un, deux & trois, & trois gros boutons au-dessous : boutons blancs unis.

Veste & culotte d'étoffe blanche.

Chapeau bordé de galon blanc.

WALDNER.

Habit, collet & revers de drap rouge, doublure de serge ou cadis blanc, paremens de drap blanc, la poche en long garnie de trois gros boutons, trois petits au parement, sept au revers, placés à distance égale, & trois gros au-dessous : boutons blancs unis.

Veste & culotte d'étoffe blanche.

Chapeau bordé de galon blanc.

JENNER.

Habit de drap rouge, doublure de ferge ou cadis blanc, paremens, collet & revers de drap jaune, la poche en long garnie de trois gros boutons, trois petits au parement, fept au revers à diftance égale, & trois gros au-deffous : boutons blancs unis.

Vefte & culotte d'étoffe blanche.

Chapeau bordé de galon blanc.

DIESBACH.

Habit de drap rouge, doublure de ferge ou cadis blanc, paremens, collet & revers de drap bleu-célefte, la poche en travers garnie de trois gros boutons, trois petits au parement, fept au revers, dont un détaché & les autres de deux en deux, & trois gros au-deffous : boutons blancs unis.

Vefte & culotte d'étoffe blanche.

Chapeau bordé de galon blanc.

COURTEN.

Habit de drap rouge, doublure de ferge ou cadis blanc, paremens petits & ouverts fans boutons, collet & revers de drap bleu-de-roi, bordés d'un petit paffe-poil de drap blanc, la poche en travers bordée d'un paffe-poil & garnie de trois gros boutons, fept au revers, dont un détaché & les autres de deux en deux, & trois gros au-deffous : boutons blancs unis.

Vefte & culotte d'étoffe blanche.

Chapeau bordé de galon blanc.

LOCKMANN.

Habit de drap rouge, doublure de ferge ou cadis blanc, petit parement fermé de trois petits boutons, collet & revers de drap bleu-de-roi, la poche en travers garnie de trois gros boutons, fix petits au revers détachés par un, deux & trois, & trois gros au-deffous : boutons triolés anglois, plats fur la tête.

Vefte & culotte d'étoffe blanche.

Chapeau bordé de galon blanc.

EPTINGEN.

Habit de drap rouge, doublure de ferge ou cadis blanc, parement, collet & revers de drap blanc, la poche en travers garnie de trois gros boutons, trois petits au parement, fept au revers, dont un
détaché

détaché & les fix autres de deux en deux, trois gros au-deffous: boutons blancs unis.

Vefte & culotte d'étoffe blanche.

Chapeau bordé de galon blanc.

SALIS.

Habit de drap rouge, doublure de ferge ou cadis blanc, paremens, collet & revers de drap bleu-de-roi, doublés poches en long garnies chacune de trois gros boutons, fept petits au revers, dont un détaché & les fix autres de deux en deux, trois gros au-deffous: boutons blancs unis.

Vefte & culotte d'étoffe blanche.

Chapeau bordé de galon blanc.

Les draps qui pourront être employés à l'habillement uniforme des compagnies des régimens Suiffes & Grifons, fans diftinction de grades, feront teints en pièces ou en laine, de couleur rouge-garance; l'ufage de la couleur écarlate fera expreffément défendu: il fera réfervé pour l'habillement des Officiers feulement, lefquels d'ailleurs obferveront les marques diftinctives de l'uniforme, couleur des collets, revers & paremens, coupe des poches, quantité & pofition des boutons réglés pour chaque corps auquel ils feront attachés.

L'Officier ne pourra porter dans fon habillement uniforme, fous quelque prétexte que ce foit, aucune étoffe & doublure de foie, galon & fil d'or ou d'argent; les boutonnières feront façonnées en fil de poil de chèvre de la couleur du drap fur lequel elles feront travaillées; à l'exception de celles qui font réglées en poil de chèvre blanc pour le régiment de Caftella, lefquelles feront en filés d'argent pour les Officiers dudit régiment.

Les Officiers porteront, chacun fuivant fon grade, les diftinctions réglées par *l'article 7 du Chapitre premier* du préfent règlement.

L'habillement des Tambours fera exécuté ainfi qu'il eft prefcrit par *l'article 4.*

Les régimens Suiffes & Grifons fe conformeront au furplus aux autres difpofitions réglées par le *Chapitre premier* de l'Infanterie, fur les parties de l'habillement, de l'équipement & de l'armement, sans que, sous aucun prétexte, il y puisse être dérogé ou apporté aucun changement.

De l'Uniforme des Régimens d'INFANTERIE ALLEMANDE.

ALSACE.

Habit bleu, veste, culotte & doublure blanches, collet, paremens & revers rouges, le parement ouvert sans boutons, poches en travers garnies de trois gros boutons, dix petits sur chaque revers & deux gros au-dessous : boutons blancs, n.° 36.

Chapeau bordé de galon blanc.

ANHALT.

Habit bleu, paremens, revers &, collet jaune-citron, doublure, veste & culotte blanches, le parement fermé par trois petits boutons, les poches en travers en forme d'écusson, garnies de cinq boutons, un sur chaque angle & un au milieu; huit petits au revers à distance égale & quatre gros au-dessous : boutons blancs, n.° 46.

Chapeau bordé de galon blanc.

LA MARCK.

Habit bleu, paremens, collet & revers jaune-citron, doublure, veste & culotte blanches, pattes ordinaires garnies de trois boutons, autant au parement, sept petits au revers & quatre gros au-dessous : boutons blancs, n.° 63.

Chapeau bordé de galon blanc.

ROYAL-SUÉDOIS.

Habit bleu, doublure & veste blanches, culotte de même couleur, paremens fermés en dessous avec quatre petits boutons, collet & revers chamois, poches ordinaires garnies de trois boutons, sept petits au revers, dont un détaché & les autres de deux en deux, & trois gros au-dessous : boutons jaunes, n.° 80.

Chapeau bordé de galon blanc.

ROYAL-BAVIÈRE.

Habit de drap bleu-céleste, paremens ouverts sans boutons, collet & revers de panne noire, doublure, veste & culotte blanches, patte ordinaire garnie de quatre boutons de deux en deux, dix petits boutons de même sur les revers de deux en deux, quatre gros boutons au-dessous de même : boutons blancs, n.° 86.

Chapeau bordé de galon blanc.

N A S S A U.

Habit de drap bleu, le parement fermé par deux petits boutons, collet, revers, vefte & culotte blancs, pattes ordinaires garnies de trois boutons, huit petits au revers de deux en deux, & trois gros au-deffous : boutons blancs, n.° 89.

Chapeau bordé de galon blanc.

B O U I L L O N.

Habit, vefte, culotte & doublure blanches, paremens ouverts coupés à la Suédoife fans boutons, revers & collet de panne noire, patte ordinaire garnie de quatre boutons, huit petits au revers de deux en deux, trois gros au-deffous : boutons blancs, n.° 91.

Chapeau bordé de galon blanc.

R O Y A L - D E U X - P O N T S.

Habit de drap bleu-célefte, collet, revers & paremens de drap jaune-citron, doublure, vefte & culotte blanches, le parement fermé par trois petits boutons, patte ordinaire garnie de trois boutons, huit petits au revers de deux en deux & quatre gros au-deffous : boutons blancs, n.° 92.

Chapeau bordé de galon blanc.

*De l'Uniforme des Régimens d'*Infanterie
Irlandoise.

B U L K L E Y.

Habit de drap rouge-garance, doublure blanche, paremens, collet & revers verts, poches ordinaires garnies de trois boutons, autant fur la manche, cinq petits au revers, dont un détaché pour le haut, les quatre autres de deux en deux, trois gros au-deffous : boutons blancs, n.° 77.

Vefte & culotte d'étoffe blanche.

Chapeau bordé de galon blanc.

C L A R E.

Habit de drap rouge-garance, doublure blanche, collet, paremens & revers jaunes, poches ordinaires garnies de quatre boutons de deux en deux, autant à la manche, cinq petits au revers à diftance égale & trois gros au-deffous : boutons blancs, n.° 78.

Vefte & culotte d'étoffe blanche.

Chapeau bordé de galon blanc.

DILLON.

Habit & collet de drap rouge-garance, doublure blanche, paremens & revers de panne noire, poches ordinaires garnies de trois boutons, le deffous de la manche & du parement fermé par fix petits boutons, cinq au revers & trois gros au-deffous : boutons jaunes, n.° 79.

Vefte & culotte d'étoffe blanche.

Chapeau bordé de galon blanc.

ROTH.

Habit de drap rouge-garance, doublure blanche, revers, paremens & collet bleus, pattes ordinaires garnies de trois boutons, autant fur la manche, cinq petits au revers & trois gros au-deffous : boutons jaunes, n.° 83.

Vefte & culotte d'étoffe blanche.

Chapeau bordé de galon blanc.

BERWICK.

Habit de drap rouge-garance, doublure blanche, paremens coupés en dehors en chevron brifé, garnis de quatre gros boutons, revers & collet de panne noire, doubles poches en long garnies de fix boutons de deux en deux, fix petits au revers de deux en deux & quatre gros au-deffous de même : boutons blancs, n.° 84.

Vefte & culotte d'étoffe blanche.

Chapeau bordé de galon blanc.

De l'Uniforme du Régiment ROYAL-ITALIEN.

Habit, vefte, culotte & doublure blancs, revers, collet & paremens bleu-célefte, poches ordinaires garnies de trois boutons, le deffous de la manche & du parement fermé par fix petits boutons, fix au revers à diftance égale & trois gros au-deffous : boutons jaunes, n.° 48.

Chapeau bordé de galon blanc.

De l'Uniforme du Régiment ROYAL-CORSE.

Habit de drap bleu-de-roi, vefte, culotte & doublure blanches, paremens bleus, collet & revers de drap jaune, poches ordinaires garnies de trois boutons, autant fur la manche, fept petits boutons au revers & trois gros au-deffous : boutons blancs, n.° 88.

Chapeau bordé de galon blanc.

De

De l'Uniforme du Corps-Royal d'Artillerie.

Des Régimens du Corps-Royal.

L'uniforme du Corps - royal de l'Artillerie, continuera d'être composé d'un habit de drap bleu - de - roi naturel, garni d'une bande pour les boutonnières ; paremens, collet & doublures rouges, la doublure de la veste seulement sera blanche, les pattes ordinaires garnies de quatre boutons jaunes, quatre boutons sur le parement ; les boutons de l'habit & de la veste seront numérotés 47, & ne descendront que jusqu'à la poche ; la veste sera de même drap bleu garnie d'un seul rang de boutons : le collet du justaucorps aura trois pouces & demi de largeur, pour qu'il en demeure en dehors trois apparens ; l'épaulette sera de drap bleu comme le justaucorps, les poches de la veste seront ouvertes & garnies de quatre boutons, la culotte de tricot bleu, doublée d'un caleçon de toile écrue.

Les distinctions pour les Fourriers, Sergens, Caporaux & Appointés des compagnies, seront en galon jaune distribuées de même qu'il est réglé pour les Soldats de même grade des compagnies d'Infanterie ordinaire ; les quatre - vingts plus anciens Sapeurs, Canonniers, Artificiers & Bombardiers, porteront pour distinction deux bandes de galon jaune cousues en chevron brisé sur le bras gauche ; les quatre-vingts qui suivront porteront pour distinction, sur le même bras, une seule bande cousue de même en chevron brisé.

Le chapeau sera bordé de galon blanc.

Des Compagnies de Mineurs.

Les Sergens, Caporaux, Appointés & Mineurs porteront le même uniforme que celui qui est réglé pour les régimens du Corps - royal, ~~à l'exception que la veste & la culotte feront gris de fer.~~

Des Compagnies d'Ouvriers.

Les Sergens, Caporaux, Appointés & Soldats des compagnies d'Ouvriers auront le même uniforme que les compagnies de Sapeurs, Canonniers & Bombardiers, & de plus un revers rouge à l'habit ; lesdits revers seront de seize à dix-huit pouces de long sur trois pouces de large ; ils seront garnis de sept petits boutons de chaque côté, le dessous sera garni de trois gros boutons.

La veste sera de drap bleu, figurée & garnie de même que

Habillement.   I celles des autres compagnies du Corps-royal, elle sera de plus garnie à la manche d'une petite pattelette rouge.

Les Fourriers, Sergens, Caporaux & Appointés des compagnies d'Ouvriers, porteront les distinctions en galon, réglées pour les Soldats de même grade des compagnies d'Infanterie ordinaire; les dix-huit Ouvriers de la première classe porteront deux bandes dudit galon, cousues en chevron brisé sur le bras gauche; les seize de la seconde classe porteront pour distinction un seul chevron brisé du même galon.

L'uniforme des Officiers sera le même que celui des Soldats, & ne différera que par la qualité des draps & des boutons qui seront dorés: la distinction des grades sera la même que celle qui est réglée pour les autres Officiers d'Infanterie.

De l'Uniforme des COMPAGNIES D'INVALIDES.

Habit de drap bleu sans revers, le collet de même drap d'un pouce de hauteur sans être renversé, le parement de drap rouge-garance, doublure de même couleur, gillet ou camisolle & culotte d'étoffe de laine bleue pour les Invalides de l'intérieur de l'Hôtel, & d'étoffe de laine blanche pour les Invalides détachés & les Pensionnaires, le devant du justaucorps garni de douze boutons blancs sans boutonnières que celles de la couleur du drap sur lequel elles seront appliquées; poches ordinaires avec trois boutons & autant au parement: boutons blancs chargés de trois fleurs-de-lys surmontées de la couronne de France.

Chapeau garni d'un bouton uniforme & d'une ganse de cordonnet blanc.

De l'Uniforme des Régimens de GRENADIERS-ROYAUX & des BATAILLONS DE MILICE.

L'habit des Officiers, Grenadiers & Soldats des régimens de Grenadiers-royaux & des bataillons de Milice, sera de drap blanc, revers & doublure de même couleur, la veste & la culotte seront aussi d'étoffe blanche, collet & paremens bleus, poches ordinaires avec quatre boutons, les deux du milieu plus rapprochés, six petits boutons au revers de deux en deux, quatre gros au-dessous de même, & quatre sur le parement aussi de deux en deux: boutons blancs unis.

Chapeau bordé de galon blanc.

Les Officiers de Grenadiers & les Grenadiers, seront distingués par une épaulette.

SAVOIR,

Ceux du régiment des Grenadiers-royaux de la Guienne,
   par l'épaulette. *bleue.*

Ceux du Poitou, par l'épaulette. . . . . *rouge-garance.*

Ceux du Dauphiné. . . . . *violette.*

Ceux du Soissonnois. . . . . *aurore.*

Ceux de l'Orléanois. . . . . *verte.*

Ceux de la Bretagne. . . . . *noire.*

Ceux des Évêchés. . . . . *bleue & blanche.*

Ceux de la Lorraine. . . . . *rouge & blanche.*

Ceux de l'Artois. . . . . *jaune & blanche.*

Ceux du Languedoc. . . . . *rouge & noire.*

Et ceux du comté de Bourgogne. . . . . *verte & blanche.*

CHAPITRE II.
GENDARMERIE.
ARTICLE PREMIER.
De l'Habillement.

L'HABIT fera de drap écarlate, revers, collet & paremens de même drap, doublure de ferge chamois, à l'exception de la manche qui fera doublée de toile.

L'habit, revers, paremens & pattes des poches, feront bordés d'un galon d'argent à feston, large d'un pouce; chaque revers fera garni de fix brandebourgs, & le deffous de chaque côté de l'habit fera garni de deux agrémens de même galon.

Le collet de l'habit fera bordé d'un petit galon d'un demi-pouce de large, de même deffein que le galon d'un pouce.

L'épaulette fera de galon d'argent, mêlée de foie des couleurs de la compagnie.

Chaque habit fera garni de dix gros boutons argentés & unis, de forme plate, & de dix-huit petits, dont fix à chaque côté du revers & trois pour fermer le deffous de chaque manche.

Les poches feront en travers, les pointes des pattes un peu arrondies.

La vefte fera fans poches, de drap de couleur chamois, doublée de toile de coton écrue, & garnie de feize petits boutons affortis à ceux de l'habit.

La culotte fera de couleur chamois.

Le manteau de drap écarlate, doublé en entier, ainfi qu'il eft d'ufage, & parementé de ferge chamois; le collet fera bordé d'un galon d'un pouce de large, pareil à celui de l'habit.

ARTICLE 2.

ARTICLE 2.

Des menues Fournitures de l'habillement.

LE chapeau sera bordé d'un galon large d'un pouce & demi, du même dessein que celui de l'habit.

La cocarde sera blanche.

La cravate de velours noir & à boucle.

Les Gendarmes sous les armes, à pied, n'ayant point de guêtres, doivent avoir des bas blancs & boucles uniformes pour souliers.

Les cheveux seront noués en queue, couverts d'un ruban de soie noir avec une petite rosette.

Les manchettes des chemises seront d'un pouce & demi de hauteur.

Les gants seront de chamois à patte forte, ils seront de qualité à pouvoir n'être remplacés que tous les deux ans.

Les manchettes de bottes seront de basin blanc.

ARTICLE 3.

De l'Équipement.

LES bottes fortes à petite genouillière, de six pouces de hauteur, le bout du pied arrondi, l'éperon placé à deux pouces & demi du talon, ayant une seule boucle en dehors, la courroie en forme de sole & piquée.

La bandoulière sera de peau blanche, de trois pouces huit lignes de largeur, & de quatre pieds six pouces de long, bordée d'un galon d'argent à feston d'un côté, large d'un pouce, de même dessein que celui de l'habit; le milieu sera rempli par un galon de soie des couleurs de la compagnie, ayant dans son milieu un liséré en argent.

Les deux bouts de la bandoulière seront terminés par une petite plaque de fer poli, sur l'une desquelles il sera soudé un petit porte-mousqueton, & sur l'autre une petite branche de fer recourbée en forme d'anneau, le gros crochet porte-mousqueton sera supprimé.

Habillement. K

Les compägnies feront diftinguées par la couleur des galons, dont feront garnies les bandoulières.

La couleur jonquille fera affeétée aux Gendarmes Écoffois.

Le violet pour les Gendarmes Anglois.

Le gros vert pour les Bourguignons.

La feuille-morte pour les Gendarmes de Flandre.

Le rouge-écarlate pour ceux de la Reine.

Le bleu-célefte pour les Gendarmes Dauphin.

Le bleu-de-roi pour ceux de Berri.

Le vert-d'eau pour les Gendarmes de Provence.

Le cramoifi pour ceux d'Artois.

Et le ponceau pour les Gendarmes d'Orléans.

Le ceinturon à la hongroife, de buffle blanc, de quatre pieds de longueur, large de trente lignes fans piqûre; il fera garni d'une forte boucle de fer poli, avec ardillons & chape de même métal, ouverte pour y paffer un crochet en fer poli qui fera coufu à l'extrémité de la gauche de la ceinture. *il sera bordé d'un galon d'argent large de 3. lignes*

Les deux petites courroies qui portent le fabre, feront de dix-huit lignes de large, avec chacune une petite boucle carrée de fer poli.

Le ceinturon fera porté fur la vefte.

La garde du fabre couverte de trois branches, à coquille pleine & piquetée de fer bronzé, la lame à dos & pleine, de trente-fix pouces de longueur, quatorze lignes de largeur, & cinq lignes d'épaiffeur près de la foie, allant en diminuant jufqu'à la pointe coupée du côté du tranchant; le fourreau du fabre fera d'un feul cuir fort, fans bois & garni de viroles, bout & enchapure de fer bronzé, ainfi que les anneaux ou bélières où paffent les petites courroies du ceinturon.

Le cordon du fabre mêlé en argent & foie de la couleur des compagnies, avec un feul gland à franges.

Article 4.
De l'Armement.

LE canon du mousqueton aura deux pieds six pouces quatre lignes de longueur, la baguette sera de fer.

La grenadière de cuir rouge à boucle coulante.

Les canons des pistolets auront huit pouces six lignes de longueur.

Le plastron de cuirasse sera de fer bronzé, doublé de toile matelassée, & bordé de drap écarlate festonné.

Les bretelles seront de cuir rouge, les boucles & agraffes de fer bronzé.

La calotte de fer bronzé.

Article 5.
De l'Équipage du cheval.

LA selle uniforme sera de cuir fauve, la longueur du siége sera de quinze pouces, la hauteur du troussequin de deux pouces & demi, la hauteur du derrière des quartiers de quinze pouces un quart, la longueur du coussinet de huit pouces, sa largeur onze pouces & demi; l'arçon à la françoise, nervé & ferré, les crampons à vis, la boucle de croupière au-dessus du quartier de derrière, trois courroies de charge & deux petites pour le manteau, les étriers de fer bronzé; les étrivières en cuir, façon d'Angleterre, larges de quinze lignes; les fontes seront en cuir fort, recouverts d'un cuir de Russie, soutenu par un morceau de cuir fauve, embrassant les battes du devant de la selle, & les assujettissant le long du devant des quartiers, le bout de chaque fonte sera tenu au poitrail par un rond de cuir noir à boucle.

Indépendamment des parties d'équipement réglées par l'article 3, chaque Gendarme sera pourvu d'un porte-cartouches percé de onze coups, sur deux rangs de forme concave, pour embrasser le devant de la fonte droite des pistolets, où elle sera attachée.

La monture de bride & filet à la françoife, le bridon & le licol de même, le mord de bride à canon fermé, les branches droites avec un tourret foudé en dehors pour y paffer un anneau propre à recevoir les rênes, les boffettes en cuivre argenté ou métal blanc.

La houffe & les chaperons à calotte de drap écarlate, bordés d'un galon en argent large d'un pouce, du même deffein que celui de l'habit uniforme; le chiffre de la compagnie fera brodé fur chacun des chaperons feulement.

Les rubans pour la queue du cheval, feront des couleurs de la compagnie & feront noués en rofette, les crins du toupet feront recouverts d'un ruban des mêmes couleurs.

ARTICLE 6.

De la diftinction des Grades.

L'HABIT du Gendarme-Appointé, fera le même que celui du Gendarme; il fera de plus garni aux paremens, d'un fecond galon de la même largeur que le bordé de l'habit.

Le Fourrier portera le même habit que le Gendarme; & il aura de plus deux brandebourgs de galon fur chaque parement.

Le Porte-étendard portera l'habit uniforme du Gendarme, & aura pour diftinction un fecond galon, large d'un pouce & demi, galonnant à la bourgogne le haut & la pente des paremens.

L'uniforme du Sous-brigadier fera le même que celui du Gendarme; il aura de plus un fecond galon, large d'un pouce & demi, fur les paremens, un galon autour de chaque poche, un écuffon de galon fous chaque bouton des hanches, couvrant la couture du pli des côtés, & une feconde épaulette.

L'habit du Brigadier fera comme celui du Gendarme, il aura pour diftinction un galon autour des poches, trois galons fur le parement, dont un de la largeur d'un pouce & demi, renfermé par deux autres galons larges d'un pouce; il portera un écuffon de galon fous chaque bouton des
hanches,

hanches, couvrant la couture du pli des côtés & une seconde épaulette.

ARTICLE 7.

De l'Habillement des Officiers.

L'habit, grand uniforme des Officiers supérieurs du corps de la Gendarmerie, sera de drap écarlate, les paremens coupés & fermés par trois petits boutons, les revers & collet de même drap, la doublure de couleur chamois.

Les devans de l'habit, le collet, les revers, les paremens, les pattes des poches, & les basques du devant & du derrière de l'habit, de même que le retroussi desdites basques, seront bordés d'un galon d'argent large d'un pouce à feston & à crête, le dessein sera le même que le galon de l'habit du Gendarme; chaque revers sera garni de cinq brandebourgs en galon large, de même dessein que le bordé, le dessous du revers sera garni de chaque côté de deux brandebourgs, & les basques de derrière le seront de même de pareil nombre; les pattes & les poches seront entourées d'un second galon d'un pouce & demi de large, le haut & la pente des paremens seront galonnés à la bourgogne de même galon, toutes les coutures de l'habit & les plis des basques, depuis le bouton de la taille sous lequel il y aura un écusson du galon d'un pouce & demi de large, seront galonnés jusqu'au bas du même galon.

Les boutons en argent, de la même forme que ceux de l'habit de Gendarme.

Le chapeau bordé d'un galon d'un pouce & demi de large à feston & à crête, du même dessein que celui de l'habit.

La cravate noire, la cocarde blanche, & les gants chamois.

L'uniforme des Maréchaux-des-logis, sera le même que celui des Officiers supérieurs, à l'exception que le galon sera sans crête.

L'habit des Fourriers - majors, sera le même que celui

des Maréchaux-des-logis, à l'exception qu'au lieu de double galon fur les paremens, il y fera fubftitué deux brandebourgs fur chacun.

La vefte des Officiers fupérieurs, fera de drap chamois, fans pattes de poches, le devant fera galonné à la bourgogne de broderie de fil d'argent & paillettes du même deffein que celui qui eft en ufage, le bord fera d'un pouce, & la grande broderie d'un pouce & demi, la vefte fera garnie de feize petits boutons en fil d'argent & paillettes.

Les Maréchaux-des-logis porteront la vefte telle qu'elle eft réglée pour les Officiers fupérieurs, à l'exception de la grande broderie d'un pouce & demi & des paillettes.

A R T I C L E 8.

De l'Équipement & Armement des Officiers.

L'épée uniforme des Officiers, fera à garde couverte de quatre branches en acier bronzé, la coquille pleine & piquetée, la lame de trente-trois pouces de longueur, pleine & à dos, de quatre lignes d'épaiffeur près de la foie, & de douze lignes de largeur, diminuant jufqu'à la pointe coupée du côté du tranchant, le fourreau garni d'anneaux, bout & enchapure de fer bronzé.

Le cordon de l'épée en argent mêlé de foie des couleurs de la compagnie, ayant un feul gland avec franges & cordelières.

Le ceinturon à la hongroife, de peau blanche, bordé d'une petite broderie en fil d'argent & paillettes, les boucles & ardillons en argent, le ceinturon fera placé fur la vefte, les Maréchaux-des-logis ne porteront point de paillettes dans la broderie du ceinturon.

La cuiraffe entière de fer bronzé, les bretelles en velours cramoifi, garnies d'un petit galon en argent; boucles & agraffes argentées.

Les piftolets feront de la même longueur qui eft réglée pour les Gendarmes.

ARTICLE 9.

De l'Équipage des chevaux des Officiers.

L'équipage du cheval, pour les Officiers supérieurs, sera composé d'une housse & de deux chaperons à calottes, en velours cramoisi, garnis d'un galon d'argent à feston & à crête, de deux pouces & demi de largeur, même dessein que celui de l'habit uniforme; il sera cousu au-dessous une frange en argent mêlée de cordelières, de la hauteur de quatre doigts, le chiffre de la compagnie sera brodé sur chacun des côtés de la housse & des chaperons.

La housse & les chaperons à calottes, pour les Maréchaux-des-logis, feront de drap écarlate, galonnés à la bourgogne d'un bordé d'un pouce de largeur & d'un grand galon de deux pouces, à feston sans crête, du même dessein que le galon de l'habit uniforme; le chiffre de la compagnie sera brodé sur chacun des côtés de la housse & des chaperons.

Les Officiers supérieurs & Maréchaux-des-logis doivent être montés sur des chevaux d'escadron à tous crins, & les Officiers-majors sur des chevaux à courte queue.

ARTICLE 10.

Des Timbalier & Trompettes.

Les casaques du Timbalier & des Trompettes, & les manteaux seront fournis tels qu'ils l'ont été jusqu'ici.

La veste de drap écarlate, sans poches, bordée d'un galon uni, en argent, d'un pouce de largeur.

La culotte écarlate.

Le chapeau bordé d'un galon d'argent uni, large d'un pouce & demi.

L'épée uniforme & le fourreau, les cravates, cocardes & gants seront les mêmes que ce qui a été réglé pour le Gendarme, les cheveux seront également liés en queue.

Le cordon de l'épée en argent & soie des couleurs de la livrée du Roi.

Le ceinturon à la françoise, de peau blanche, bordé d'un petit galon uni, en argent, renfermant dans le milieu un galon de livrée du Roi; il sera porté sur la casaque boutonnée.

Les bottes feront molles.

La housse & les chaperons à calottes, de drap bleu teint en laine, bordés d'un galon de livrée du Roi, d'un pouce & demi de largeur, ayant dans le milieu un petit galon d'argent d'un demi-pouce de large, le chiffre de la compagnie sera brodé sur chaque côté de la housse.

La housse du cheval du Timbalier sera galonnée à la bourgogne d'un petit galon, livrée du Roi, large d'un pouce, & d'un autre large de deux pouces, dont le milieu de huit lignes sera en argent.

Le Timbalier & les Trompettes seront montés sur des chevaux gris à tous crins.

A R T I C L E I I.

Des Surtouts.

Le surtout du Gendarme, du Brigadier & du Sous-brigadier, sera de drap écarlate, sans galons; la doublure de serge chamois; il sera garni de vingt gros boutons, le dessous de chaque manche sera fermé par trois petits boutons.

Le Gendarme portera une épaulette de filés d'argent & de soie, des couleurs de la compagnie; les Brigadiers & Sous-brigadiers en porteront une de chaque côté.

Le surtout des Officiers supérieurs, sera de drap écarlate, des mêmes formes & proportions que le grand uniforme; il sera bordé d'une petite broderie d'un pouce de largeur, en fil d'argent & paillettes, même dessein de la broderie de l'ancien surtout, à colonne torse à trois côtes, d'une ligne de large chacune, ornée de palmes, à deux pouces l'une de l'autre.

Le revers sera garni de sept brandebourgs de la même broderie, & deux autres de chaque côté, sous les revers, jusqu'à la poche.

Le

Le parement fera brodé d'une feconde broderie, d'un pouce & demi de large, indépendamment de celle d'un pouce dont il fera bordé.

Les poches & les pattes feront entourées d'une broderie d'un pouce de largeur; le deffous du bouton fur les hanches fera brodé, en forme d'écuffon, de la même broderie, pour couvrir la couture du pli des côtés.

Les boutons feront en fil d'argent & paillettes.

Les Maréchaux-des-logis & Fourriers-majors porteront le furtout brodé comme les Officiers fupérieurs, à l'exception qu'il n'y aura point de paillettes.

Les Fourriers - majors feront diftingués par deux brandebourgs brodés fur les paremens, au lieu de la double broderie.

Le furtout des Timbalier & Trompettes, fera de drap bleu doublé de ferge rouge; le collet fera bordé d'un galon large d'un pouce; le parement, coupé & fermé avec trois petits boutons, fera bordé du même galon que le collet; les poches feront placées dans les plis du furtout.

CHAPITRE III.
CAVALERIE.
ARTICLE PREMIER.
De l'Habillement.

LES habits uniformes des Fourriers, Maréchaux - des-logis, Brigadiers, Carabiniers, Cavaliers, Timbaliers & Trompettes des régimens de Cavalerie, qui feront donnés à l'avenir en remplacement, feront exécutés à la polonoife, conformément au modèle envoyé à chaque régiment.

La vefte fera de drap chamois.

Les paremens, revers & collet feront exécutés dans les

couleurs preſcrites, & garnis de la quantité & eſpèce de boutons réglés pour chaque corps.

Indépendamment de l'habit & de la veſte ci-deſſus réglés, il ſera donné & remplacé par tiers, au complet chaque année, les ſurtouts & gillets avec manches d'étoffe de laine croiſée, propre à porter lors du panſement des chevaux & dans les quartiers; & s'il eſt jugé plus utile pour la tenue & la commodité du Cavalier, de remplacer leſdits ſurtouts par moitié chaque année, le Cavalier, au moyen du vieux ſurtout, ſe fournira le gillet qui lui ſera néceſſaire, à l'effet de conſerver le grand uniforme & d'en prolonger la durée pour le temps de ſix années, dont le remplacement, après les trois premières révolues, ſera fait par ſixième.

Toutes les parties de l'habillement, ſeront façonnées proportionnément à la taille des hommes, aſſez larges & aiſés, pour que le Cavalier puiſſe commodément faire les mouvemens qui lui ſeront ordonnés, ſans être gêné & ſans être expoſé à déchirer les coutures de ſon habillement; les habits neufs ſeront tenus d'une longueur raiſonnable, à pouvoir arriver, en ſortant de la main de l'ouvrier, à trois pouces de terre lorſque le Cavalier ſera à genoux, le revers boutonné; ils ſeront tenus aſſez larges pour pouvoir être aiſément boutonnés dans la longueur du revers; ils ne ſeront point trop échancrés du devant ni trop rétrécis du derrière.

Les culottes ſeront de peau & ſaites en caleçon, de manière qu'elles tombent juſque vers le milieu du gras de jambe, elles ſeront ouvertes de la hauteur de quatre doigts ou environ de l'extrémité, pour pouvoir y paſſer le gras de jambe.

Le manteau ſera de drap gris-blanc, piqué de bleu.

ARTICLE 2.

De la Coiffure.

LES cheveux des Fourriers, Maréchaux-des-logis & Cavaliers, ſeront liés en queue, garnie d'une petite roſette de cuir, les faces feront roulées fur une petite lame de plomb ou un carton.

Les chapeaux feront remplacés tous les deux ans.

A R T I C L E 3.

Des marques diftinctives des Grades dans les compagnies de Cavalerie.

LES Fourriers porteront deux bandes de galon fin de douze lignes, coufues fur le dehors de la manche au-deffus du pli du bras, & le bordé de même galon autour &.parallèlement au parement.

Les Maréchaux-des-logis porteront fimplement le bordé réglé pour le Fourrier.

Les Brigadiers porteront autour & parallèlement au parement, un fimple bordé de galon de laine ou de fil , large de dix lignes, & deux agrémens du même galon, en forme de boutonnières naiffantes dudit bordé.

Les Carabiniers ne porteront que les boutonnières du même galon naiffantes du deffous du parement.

A R T I C L E 4.

De l'Habillement des Trompettes.

LES Trompettes & le Timbalier porteront l'habit de drap bleu affecté à la livrée du Roi, avec les revers, paremens, collet, vefte, culotte & doublure des couleurs déterminées , & pofition de boutons réglés pour chaque régiment, à l'exception des trois régimens de l'État - major, de ceux de la Reine, des Princes du Sang & de Noailles, .qui continueront à porter les habits de la livrée des Meftres-de-camp titulaires, en fe conformant aux marques diftinctives de l'uniforme réglé, de forte que les paremens, collet & revers, qui fe trouveront dans l'uniforme des Cavaliers de même couleur que le fond de leur habit, feront de même drap pour les Trompettes & le Timbalier que fera celui de leur habit.

ARTICLE 5.

De l'Habillement des Officiers.

L'UNIFORME des Officiers sera semblable à celui des Cavaliers, & ne différera que par la qualité des draps qui seront d'Elbeuf ou des Manufactures de même espèce, des boutons qui seront dorés ou argentés, & du galon & agrémens pour l'habit seulement, qui sera d'or ou d'argent, suivant la couleur blanche ou jaune de celui du Cavalier, des mêmes largeurs & des mêmes proportions.

Les Officiers de l'État-major & des compagnies de Cavalerie, seront coiffés avec des chapeaux bordés de galon uni, sans lame ou clincant, de même couleur que celui du Cavalier, & de la même largeur; aucun d'eux ne pourra, sous tel prétexte que ce soit, porter de plumets avec l'habit uniforme.

ARTICLE 6.

Dispositions générales sur l'Uniforme.

LES Officiers ne porteront, sous aucun prétexte, de doublure de soie, galons ou boutonnières de fil d'or & d'argent, autres que ceux qui sont réglés pour l'habit; les vestes seront en drap chamois, comme celles du Cavalier, simples & sans dorure; les redingottes ou manteaux qu'ils porteront à la tête de leur troupe, seront de drap bleu & sans dorure, à l'exception du collet, qui sera bordé d'or ou d'argent de la largeur d'un pouce, suivant la couleur du galon de l'uniforme.

Les Officiers pourront porter, pour leur commodité, des surtouts en étoffe commune, mais ils seront tenus d'y ajouter les collets, paremens & revers des couleurs réglées pour l'uniforme de leur régiment, & d'observer le nombre & la position des boutons.

Tous les Officiers, de quelque grade qu'ils soient, seront tenus de porter en toute occasion au régiment, leur habit uniforme tout le temps qu'ils existeront au service : l'usage des manchettes de dentelles, sera & demeurera défendu.

ARTICLE 7.

ARTICLE 7.
Des marques distinctives des Grades des Officiers de la Cavalerie.

LES marques distinctives des grades des Officiers de la Cavalerie, seront les mêmes que celles qui ont été réglées pour les Officiers de l'Infanterie.

Le Mestre-de-camp, & celui qui commandera en chef un régiment, portera une épaulette en tresse de chaque côté, en or ou en argent, selon la couleur du bouton blanc ou jaune affectée au régiment, ornée de franges, à graine d'épinards & nœuds de cordelières : toute espèce de broderie & paillette sera & demeurera défendue.

Le Lieutenant-colonel portera à gauche une seule épaulette, de même garnie de franges, comme celles du Colonel.

Le Major portera de chaque côté une épaulette en or ou en argent, ornée de franges seulement, sans graine d'épinards ou nœuds de cordelières.

Les Capitaines & les Aides-majors qui auront commission de Capitaine, porteront une épaulette en or ou en argent, ornée de franges comme celle du Major.

Le Lieutenant ne pourra porter l'épaulette pleine, en or ou argent ; elle sera losangée de carreaux de soie, de la couleur tranchante des paremens, revers ou collet uniforme réglé pour chaque régiment, sur un fond de tresse d'or ou d'argent uniforme à la couleur du bouton ; la frange dont l'épaulette sera ornée, sera mêlée d'or ou d'argent & de soie dans la proportion du mélange qui sera dans le tissu de l'épaulette.

Le Sous-lieutenant portera l'épaulette à fond de soie, de la couleur tranchante des distinctions de l'uniforme, avec des carreaux de tresse d'or ou d'argent, uniformes à la couleur du bouton, & des franges mêlées de soie & de filé d'or ou d'argent, en proportion du mélange de l'épaulette.

Le Porte-étendard portera l'épaulette à fond de soie,

de la couleur tranchante des diftinctions de l'uniforme, lilérée d'or ou d'argent, fuivant la couleur du bouton, & garnie de franges afforties.

Les Officiers ne pourront porter que les diftinctions réglées & déterminées pour les emplois qu'ils exerceront dans les corps, encore qu'ils fuffent pourvus de commiffion de grade fupérieur, & les difpofitions prefcrites à cet égard feront exécutées, fans qu'il y puiffe être apporté aucun changement.

ARTICLE 8.
De l'Équipement du Cavalier.

LES cols feront d'étoffe noire pour tous les régimens de Cavalerie qui porteront le collet de l'habit, de couleur rouge; ils pourront être d'étoffe rouge pour ceux qui porteront les collets de couleur différente à la rouge.

Les manches des chemifes feront à la matelotte. Les manchettes que le Cavalier portera, feront d'un pouce de haut, coufues à de petites fauffes-manches en amadis, qui au moyen d'une boutonnière qu'elles auront de chaque côté dans la partie de derrière, fe boutonneront à un bouton coufu fur la manche de la chemife près la fourchette, & elles fe boutonneront enfuite dans la partie de deffus avec deux boutons qui doivent y être coufus.

Les manchettes de bottes feront de laine tricotée à côtes, & faites en forme de demi-bas, de couleur gris-d'ardoife.

Les gants feront faits de façon à fe replier fur le poignet; ils fe boutonneront par un des coins à un bouton coufu fur le milieu ou environ du repli en dedans du poignet.

Les bottes feront de cuir de vache fouple, & cirées en fuif.

Le fabre pour le Cavalier, fera à garde pleine, à double branche de cuivre, rentrant dans un pommeau de même métal, la poignée carrée, filée, montée fur une lame pleine, droite & à dos, de trente-fix pouces de longueur, large de quinze lignes au talon, & de cinq lignes d'épaiffeur; ladite lame fera terminée vers la pointe en langue de carpe, le fourreau fera de cuir de vache noircie fort, fans écliffe,

garni d'un bout de cuivre de la hauteur de trois pouces, &
d'une chape en fer de trois pouces de long; il y sera soudé en
dedans une cuvette d'environ un pouce pour embrasser
l'épaisseur du cuir & faciliter l'entrée de la lame; il sera garni
de bélières & d'anneaux de fer soudés pour y passer les
courroies de support du ceinturon.

Le ceinturon sera à la hongroise, de buffle blanc, de
quatre pieds de long, large de trente lignes, sans piqûre,
garni d'une forte boucle en cuivre avec ardillons de fer,
& d'une chape de fer ouverte pour y passer un crochet en
fer qui sera cousu à l'extrémité de la gauche de la ceinture.

Les courroies porte-sabre dudit ceinturon, feront aussi
de buffle blanc, de la largeur de quinze lignes, garnies de
boucles de cuivre, passant dans des anneaux de même métal
qui feront cousus à la ceinture.

Le cordon ou dragonne du sabre sera de cuir noirci, fort
& solide, large de huit lignes, garni à l'extrémité d'un
bouton avec houpette de cuir découpé, & d'un autre bouton
coulant de même cuir.

La bandoulière du Cavalier, sera de buffle blanc, sans
piqûre, de la largeur de trois pouces neuf lignes, & longue
de quatre pieds dix à onze pouces; l'anneau de fer roulant
fera supprimé, les extrémités de ladite bandoulière feront
prolongées par une petite courroie de cuir de vache ou
de veau fort qui embrassera la cartouche, laquelle par ce
moyen fera suspendue au bas de la bandoulière.

La cartouche fera faite en forme de boîte carrée, de cuir
noir fort, de la profondeur de quatre pouces & de l'épais-
feur de deux pouces, fur environ sept pouces & demi de
long; les parties de cuir qui formeront les flancs de ladite
boîte, feront également fortes, fans qu'il y puisse être introduit
d'entre-deux de carton ou de bois; elles feront prolongées
de façon à pouvoir être recourbées fur l'ouverture d'un pouce
& demi de chaque côté, afin de contenir les cartouches &
de les préserver de l'humidité; elle fera bordée de cuir de
veau fur toutes les faces, & propre à recevoir un coffret
de bois percé à feize coups fur deux rangs, lequel fera
assujetti dans fa boîte de cuir avec des boutons de cuir

cousus de chaque côté pour empêcher qu'il ne se perde si la cartouche se renversoit.

Il sera cousu sur le devant de la boîte de cuir, une petite bourse de cuir de veau, pour serrer la pièce grasse, le flacon à l'huile & les pierres à feu; la pattelette de la cartouche sera de cuir noir, fort & lissé, garni d'un médaillon aux armes du Roi & trophées d'étendards.

La courroie porte-mousqueton ou grenadière, sera de cuir de Russie, large de dix-sept lignes, & longue de trois pieds six pouces, elle sera garnie à une des extrémités, d'une petite boucle de fer ou de cuivre-laiton avec ardillon de même, elle sera cambrée de six lignes dans le milieu, longue de dix-sept lignes & de cinq lignes d'ouverture.

Les guêtres du Cavalier seront de toile noire, & se termineront à la pointe du genou.

Le porte-manteau sera fait d'étoffe croisée, bleue ou rouge suivant l'uniforme réglé, il sera long de vingt-sept pouces au moins, les extrémités seront carré-long de neuf pouces, sur sept pouces & demi de hauteur, bordées autour d'un galon de la livrée de l'équipage du cheval, de neuf lignes de large, croisé de même galon dans le milieu; l'ouverture du porte-manteau sera de dix-sept pouces pour pouvoir contenir les effets propres à la personne du Cavalier; elle sera fermée par une petite patte qui sera assujettie avec sept anneaux de corde en lacet, il y aura un double fond de chaque côté, de cinq pouces de profondeur pour pouvoir contenir un fer de rechange pour le cheval, l'éponge, l'étrille, la brosse, le peigne, l'époussette & du pain pour quatre jours; chacun des doubles fonds sera fermé avec trois contre-sanglons & boucles enchapées; le porte-manteau sera de plus garni d'une double patte de dix pouces de large sur vingt-un de longueur, laquelle sera fermée avec trois contre-sanglons & boucles enchapées; il sera façonné avec une aune un douzième de tricot, ou estamette large de trois quarts, & doublé avec une aune trois huitièmes de treillis de la largeur de trois quarts, il y sera employé deux aunes un quart de galon de livrée.

Le

Le porte-manteau contiendra, non compris ce que le Cavalier doit avoir sur le corps, trois chemises, une culotte de peau de rechange, deux paires de bas, une paire de guêtres noires, deux paires de fausses-manches, une paire de manchettes de bottes, trois mouchoirs, un sac à poudre & sa houppe, un étui à peigne, une paire de ciseaux, un étui à épingles & aiguilles, une vergette pour les habits, le gillet, une paire de souliers, une boîte à graisse & des décrottoires renfermées dans un petit sac, les ustensiles d'écurie, & du pain pour quatre jours; le surtout sera plié & fermé sous la patte du porte-manteau; les cordes à fourrages seront pliées & ficelées en carotte, & s'attacheront entre le troussequin de la selle du cheval & la charge du Cavalier; au moyen dudit porte-manteau, toute espèce de besace sera supprimée.

<h2 style="text-align:center">A R T I C L E 9.</h2>

De l'Harnachement des chevaux de Cavaliers.

LA housse sera faite en drap de la couleur déterminée par l'Ordonnance, & bordée de galons de livrée, de dix-huit lignes, des couleurs réglées pour chaque régiment; elle aura quarante-un pouces de longueur, dix-neuf pouces de largeur à la pointe, & dix pouces sur le milieu de la croupe pour couvrir exactement le coussinet; elle sera bordée, ensemble les deux chaperons, avec trois aunes un tiers galon de livrée, & doublée avec deux cinquièmes de toile.

Les chaperons feront à calotte, du même drap que la housse, & pour la confection d'une paire il sera employé un dixième d'aune; ils feront façonnés en forme de demi-cercle, ovale-plein, de la hauteur de six pouces un quart dans la partie du milieu, & de la longueur de neuf pouces quatre lignes pour recouvrir le demi-cercle du devant de la fonte, qui sera échancrée de deux pouces ou environ; le chaperon sera bordé de galon de livrée, il sera doublé d'un cuir de veau fauve, il y sera joint un autre morceau de même cuir pour former une calotte en retournant le chaperon propre à couvrir le piſtolet ; il ſera couſu ſur ledit morceau deux petites lanières de cuir, ouvertes en forme de boutonnières, qui ſerviront à aſſujettir la calotte ſur le piſtolet, à deux petits boutons de cuir, attachés à un demi - pouce de la couture des côtés, & à trois pouces près du cercle de la fonte ; le chaperon ſera couſu ſous la partie antérieure du même cercle : on aura attention de choiſir le meilleur veau pour le total de la calotte, & de le mouiller avant de l'employer, ainſi que le galon pour bordé, à l'effet de prévenir les effets de la pluie, qui pourroient ſans cette précaution faire rétrécir la calotte.

Les fontes qui ſeront remplacées à l'avenir, auront environ quatorze pouces de longueur, échancrées ſur le devant, & ſeize pouces ou environ ſur le derrière, qui ſera de forme platte ; elles ſeront exécutées de façon que la croſſe du piſtolet porte d'à - plomb ſur le cercle de la fonte ; le derrière qui ſera placé ſur le devant de la ſelle, aura cinq pouces de largeur ; le devant aura environ onze pouces & demi de ceintre, meſuré ſur le cercle de la fonte, & les anciens piſtolets qui ſeront deſtinés à ſervir dans leſdites fontes, ſeront raccourcis en proportion.

Toutes les ſelles de remplacement, ſeront exécutées, conformément au modèle qui aura été envoyé à chaque régiment.

La garniture de bride ſera en cuir noir, des proportions ci-après ; ſavoir, le devant du deſſus de tête ſera formé du montant droit, & le derrière le ſera par l'attache qui doit recevoir les boucles de la ſous - gorge ; ils ſeront l'un & l'autre de douze lignes de largeur, & couleront dans une chape de cuir, longue d'environ cinq pouces & demi, ſur le deſſus de laquelle il ſera couſu une forte chaînette de fer.

Le frontal ſera de dix lignes de largeur.

La ſous-gorge, de douze lignes de large, ſera garnie à chacune de ſes extrémités d'une boucle de dix lignes d'ouverture & de deux paſſans, dont l'un ſera fixé & l'autre mobile.

La muſerolle ſera d'un pouce de largeur; il ſera attaché à l'extrémité de ſa partie gauche une boucle de dix lignes d'ouverture.

Le montant gauche ſera garni d'une boucle à la partie ſupérieure; chacun des deux montans ſera auſſi garni à la partie inférieure d'un porte-mord, d'une boucle & de deux paſſans, dont l'un ſera fixé & l'autre ſera coulant; chacune deſdites boucles recevra l'attache de ſupport du bridon en même temps que le porte - mord; au moyen de quoi la têtière & le montant dudit bridon ſeront ſupprimés: la rêne du bridon, dont le mord ſera briſé au milieu, aura cinq pieds de longueur & huit lignes de largeur, & ſera couſue à droite à l'anneau du mord de bridon, & l'extrémité à gauche ſera garnie d'une boucle coulante de huit lignes d'ouverture.

Les rênes de la bride ſeront de douze lignes de largeur ſur quatre pieds & demi à cinq pieds de longueur, garnies de deux boutons de cuir, dont un ſera coulant; il ſera couſu une boucle de dix lignes d'ouverture à chacune deſdites rênes, pour ſervir à les attacher aux anneaux du mord-de-bride.

Le bridon d'abreuvoir ſera de cuir blanc de Hongrie, & ſervira de licol d'écurie; le deſſus de la têtière ſera de la largeur de deux pouces, coupé en deux branches égales à l'endroit du fronton, l'une ſervira de montant & l'autre de ſous-gorge, qui ſera à ſon extrémité garnie d'une boucle de fer; le montant gauche ſera également garni à ſon extrémité d'une boucle pareille; il ſera placé au milieu de ladite ſous-gorge un paſſant de cuir pour recevoir un petit anneau de fer d'un pouce, qui paſſera dans un autre anneau de fer d'un pouce & demi de diamètre; ce dernier ſera coulant ſur la partie poſtérieure de la muſerolle, à l'effet d'y paſſer la longe du licol; les montans ſeront garnis à leur extrémité de deux anneaux de fer en carré, de douze lignes, pour passer dans chacune le crochet porte-mord ; le mord sera brisé dans son milieu, garni d'un anneau à chaque extrémité, ce qui le rendra mobile, pour être supprimé quand il sera nécessaire ; les rênes dudit bridon seront du même cuir de Hongrie, larges de dix lignes & longues de trois pieds deux pouces de chaque côté ; chacune des extrémités sera garnie d'un chaînon de fer, de six pouces de long, terminées par une barette destinée à passer dans les anneaux du mord & dans celui qui sera coulant sur le derrière de la muserolle ; la fourniture & l'entretien desdits bridon & licols, seront à la charge des Cavaliers.

L'usage des couvertures ayant été reconnu généralement nécessaire & utile, sera successivement introduit à mesure que le produit de la retenue, celui des soldes & demi-soldes des absens par congé, & de la vente des fumiers, sur lesquels la dépense en sera affectée, le pourront permettre, & les Cavaliers seront tenus de l'entretien.

ARTICLE 10.

De l'Équipement des Officiers de Cavalerie.

LES bottes seront du même modèle que celui qui est réglé pour le Cavalier ; les éperons seront de fer bronzé, ceux d'argent ou d'autre métal seront expressément défendus.

Le sabre sera à monture de fer poli, à double branche, rentrant dans un pommeau de fer qui terminera la poignée, la garde sera évidée & à jour, elle sera aussi forte que les branches, la poignée sera à filés d'argent, la lame pleine, droite & à dos, de la largeur d'un pouce au talon, de l'épaisseur de trois lignes, & longue de trente-quatre à trente-six pouces, proportionnée pour la force & la solidité ; le fourreau sera de cuir de vache fort, sans éclisses.

Chaque Officier sera tenu de garnir son sabre d'un cordon ou dragonne, à un gland mêlé de soie & de filés d'or, dans la proportion déterminée sur le mélange des
épaulettes,

épaulettes, & conformément à ce qui eft réglé pour les Officiers de l'Infanterie, *article 11 du Chapitre Ier*

Le ceinturon, pour les Officiers, fera de buffle blanc, des largeurs, proportions & forme qui ont été réglées pour les Cavaliers.

ARTICLE 11.

De l'Harnachement des chevaux des Officiers.

LA felle fera de drap de la couleur de la houffe ; les mords-de-brides feront garnis de boffettes jaunes.

La houffe & les chaperons, pour les Officiers, feront de drap de même couleur que celui de l'uniforme des Cavaliers ; ils feront exécutés dans la même forme, & bordés de galon d'or ou d'argent, fuivant la couleur du galon de l'habit, des largeurs ci-après.

SAVOIR ;

De trente lignes pour les Meftres-de-camp, Lieutenans-colonels & Majors.

De vingt-quatre lignes pour les Capitaines, Lieutenans, Sous-lieutenans & Officiers-majors.

Et de dix-huit lignes pour les Porte-étendards & Quartiers-maîtres.

ARTICLE 12.

Difpofition générale fur l'Équipage des chevaux.

Aucun des régimens ne pourra porter à l'avenir d'écuffon ou trophées brodés ou appliqués fur les houffes & chaperons uniformes, à l'exception des régimens de l'État-major, auxquels les Meftres-de-camp titulaires, feront porter comme attributs de charge, favoir ;

Le Colonel-général, cinq étendards en faifceau, deux bleus, deux rouges & un blanc.

Le Meftre-de-camp-général, trois étendards de même, en bleu, rouge & blanc.

Et le Commiffaire-général, deux étendards, dont un blanc & un bleu.

Habillement.   P

Lefdits attributs feront façonnés en ferge découpée, entourée de cordonnet & franges de laine.

Chaque attribut fera réduit à environ cinq pouces en longueur.

A R T I C L E 1 3.

De l'Armement des Cavaliers.

LES Cavaliers feront armés de moufqueton, le canon fera de deux pieds cinq pouces de longueur; il fera rond, à l'exception des petits pans défignés pour les autres canons; il fera fait en cône tronqué depuis la culaffe jufqu'à quatre pouces du bout, que le diamètre extérieur augmentera un peu pour le terminer infenfiblement en trompe; le diamètre extérieur, à trois pouces de la culaffe, fera de douze lignes, & à fix pouces de onze lignes; le diamètre extérieur, à quatre pouces du bout, fera de huit lignes trois quarts, & au bout de neuf lignes fortes.

Le calibre fera de fept lignes un quart jufte pour que la balle de dix-huit à la livre n'ait que le vent néceffaire, & ne tombe pas d'elle-même dans la fituation renverfée du moufqueton.

La lumière qui aura une ligne foible de diamètre, fera percée à fept lignes de la culaffe, bien au milieu du petit pan.

Le moufqueton fera monté en noyer, la croffe fera de treize pouces de longueur, & d'environ vingt-une lignes d'épaiffeur, & fa largeur de trois pouces neuf à dix lignes, la garniture fera en cuivre.

La baguette fera d'acier trempé & recuit, elle pèfera cinq onces & demie à fix onces, la tête de la baguette aura environ fept lignes de diamètre, le deffous fera évidé pour qu'elle puiffe être faifie plus facilement, le bout de la baguette fera taraudé d'environ quatre lignes dont elle excèdera la longueur du canon, elle aura à cette extrémité deux lignes de diamètre.

Les Fourriers & les Maréchaux-des-logis feront armés d'un fabre & de deux piftolets, les Fourriers porteront en outre, pour les campemens, une fiche longue de fix pieds, garnie d'une banderole de drap de la couleur du régiment.

Chacun des hommes dont les compagnies feront compofées, fera armé d'un fabre & de deux piftolets.

Le piftolet fera compofé d'un canon de huit pouces fix lignes de longueur, fon diamètre extérieur à la culaffe, fera de douze lignes & demie, & à l'extrémité fupérieure qui fera un peu en trompe, de neuf lignes; fon calibre fera de fept lignes & demie.

La lumière d'un peu moins d'une ligne de diamètre, fera percée à fix lignes & demie de la culaffe, bien au milieu du petit pan.

Le piftolet fera monté en bois de noyer, le canon excèdera le bois d'environ deux lignes & demie.

La garniture fera en cuivre.

La baguette fera d'acier, femblable à celle du moufqueton, elle excèdera la longueur du canon de trois à quatre lignes, & fera taraudée de cette longueur, elle pèfera environ quatorze gros.

Le piftolet monté & garni pèfera environ deux livres & demie.

Les Fourriers, Maréchaux - des - logis & Cavaliers de chaque compagnie, porteront, quand il fera jugé néceffaire, le plaftron de cuiraffe de fer; & pour éviter qu'il ne les bleffe ou que leur vefte de drap ne foit endommagée par le frottement de ladite cuiraffe, chacun d'eux fera tenu de fe fournir d'un plaftron de deux toiles piquées de bourre, longues de quatorze pouces & demi dans le milieu, larges de feize pouces & demi à la partie inférieure, & de douze pouces à la partie fupérieure; chaque extrémité fera garnie d'un petit morceau d'étoffe de laine feftonnée, & fera au furplus ledit plaftron exécuté conformément au modèle qui fera envoyé à chaque régiment.

ARTICLE 14.

De l'Armement des Officiers.

INDÉPENDAMMENT du fabre uniforme dont chaque Officier devra être équipé, il fera armé de deux piftolets avec garniture jaune.

ARTICLE 15.

Des Étendards de la Cavalerie.

LES Meftres-de-camp des régimens auxquels le Roi fournit les étendards, les tabliers de timbales & banderoles de trompettes, feront tenus de fournir les lances & de faire les frais de la monture, de la fourniture & entretien des cravates de taffetas & des étuis pour la confervation defdits ornemens.

ARTICLE 16.

Des faux-frais dans les Régimens.

LES dépenfes pour la fourniture du papier pour écrire, de l'encre, des plumes, livrets de Fourriers ou de Maréchaux-des-logis, Secrétaires, ports de lettres, & autres frais de bureau ou dépenfes relatives à l'ordre de la comptabilité ou de la correfpondance, feront & demeureront fixées à la fomme de quinze livres par mois par régiment, dont la moitié fera acquittée par le produit de la maffe de vingt-quatre livres, & l'autre moitié par celui de la folde, demi-folde & maffe de retenue pour l'entretien du Cavalier, le furplus de la dépenfe fera & demeurera à la charge des Majors.

ARTICLE 17.

Du prix réglé pour le ferrage des chevaux.

AU moyen des quinze fous qui ont été réglés pour le ferrage de chaque cheval effectif, par mois, les Maréchaux
feront

feront tenus de donner leurs foins & d'adminiftrer les remèdes & panfemens aux chevaux qui feront dans le cas d'en avoir befoin; & s'il eft jugé plus utile & plus avantageux au bien du fervice, d'établir un Maréchal expert dans chaque régiment, il ne fera payé que quatorze fous pour le ferrage à chaque Maréchal - ferrant, & un fou au Maréchal expert qui adminiftrera les panfemens & les remèdes néceffaires aux chevaux malades ou bleffés.

ARTICLE 18.

De l'Uniforme des Régimens de CAVALERIE.

COLONEL-GÉNÉRAL.

Habit bleu à la polonoife, fans poches ou pattes marquées, paremens, collet & revers de panne cramoifie, bordés d'un galon de fil ou laine jaune large de fix lignes, doublure de cadis ou ferge cramoifie, fept boutons au revers à diftance égale, avec boutonnières en petit galon jaune large de trois lignes, trois au-deffous avec autant d'agrémens de galon large de douze lignes, houppes en fil ou laine jaune, & trois agrémens d'un galon de fix lignes fur chaque hanche.

Vefte de drap chamois & culotte de peau.

Boutons jaunes. . . . . n.º 1.er

Chapeau bordé de galon jaune.

L'équipage du cheval en drap, bordé d'un galon de laine des livrées du Colonel général.

MESTRE-DE-CAMP-GÉNÉRAL.

Habit bleu à la polonoife, fans poches ou pattes marquées, paremens, collet & revers de panne noire, bordés d'un petit galon de fil ou laine jaune, doublure de cadis ou ferge chamois, fept boutons au revers à diftance égale, avec boutonnières en petit galon jaune large de trois lignes, trois au-deffous avec autant d'agrémens & houppes de fil ou de laine jaune, & trois agrémens d'un galon étroit fur chaque hanche.

Vefte de drap chamois & culotte de peau.

Boutons jaunes. n.° 2.

Chapeau bordé de galon jaune.

L'équipage du cheval en drap, bordé d'un galon de laine des livrées du Meftre-de-camp général.

Habillemeu. Q

COMMISSAIRE-GÉNÉRAL.

Habit à la polonoife, & paremens de drap bleu, fans poches ou pattes marquées, collet & revers de panne noire, bordés de même que les paremens d'un petit galon de fil ou de laine jaune, doublure de cadis ou ferge chamois, fept boutons au revers avec boutonnières en petit galon jaune large de trois lignes, dont un détaché & les autres de deux en deux, trois au-deffous avec autant d'agrémens & houppes de fil ou de laine jaune, & trois agrémens d'un galon étroit fur chaque hanche.

Vefte de drap chamois & culotte de peau.

Boutons jaunes. . . . . n.° 3.

Chapeau bordé de galon jaune.

L'équipage du cheval en drap, bordé d'un galon de laine des livrées du Commiffaire général.

ROYAL.

Habit à la polonoife & collet de drap bleu, fans poches ou pattes marquées, paremens & revers de drap écarlate, bordés de même que le collet d'un petit galon de fil blanc, doublure de cadis ou ferge rouge-garance, fept boutons au revers à diftance égale, trois au-deffous, avec autant d'agrémens & houppes de fil blanc, & trois agrémens d'un galon étroit fur chaque hanche.

Vefte de drap chamois & culotte de peau.

Boutons blancs. . . . . n.° 4.

Chapeau bordé d'un galon blanc.

L'équipage du cheval en drap bleu, bordé d'un galon de laine aurore, à cinq bandes, dont trois à points de chaînettes & deux à fond luifant.

DU ROI.

Habit à la polonoife de drap bleu, fans poches ni pattes marquées, paremens, collet & revers de drap écarlate, bordés d'un petit galon de laine ou fil blanc, doublure de cadis ou ferge rouge-garance, fept boutons au revers, avec boutonnières blanches en petit galon de trois lignes de large, dont un détaché & les autres de deux en deux, trois au-deffous, avec autant d'agrémens & houppes de laine ou fil blanc, & trois agrémens d'un galon étroit fur chaque hanche.

Vefte de drap chamois & culotte de peau.

Boutons blancs. . . . . n.° 5.

Chapeau bordé d'un galon blanc.

L'équipage du cheval en drap bleu, bordé d'un galon de livrée du Roi, en laine veloutée.

ROYAL-ÉTRANGER.

Habit à la polonoife, revers & collet de drap bleu, fans poches ou pattes marquées, paremens de drap écarlate, bordés, ainfi que les revers & collet, d'un petit galon de fil blanc, doublure de cadis ou ferge rouge - garance, fept boutons au revers, détachés par deux, un & quatre, trois au-deffous, avec autant d'agrémens & houppes de fil blanc, & trois agrémens d'un galon étroit fur chaque hanche.

Vefte de drap chamois & culotte de peau.

Boutons blancs. . . . . n.° 6.

Chapeau bordé de galon blanc.

L'équipage du cheval bordé d'un galon de fil blanc.

CUIRASSIERS DU ROI.

Habit en forme de buffle, de drap chamois, bordé d'un galon de laine rouge large de quinze lignes, & garni d'une épaulette de même étoffe, recouverte d'un bout du même galon, les bafques retrouffées & bordées en équerre de même galon, la manche fermée en deffous par trois petits boutons, les paremens de drap écarlate, également fermés par deux boutons & bordés en équerre d'un galon de fil blanc large de quinze lignes, le collet de drap écarlate, renverfé & bordé d'un galon de fil blanc, le corps du buffle doublé de cadis blanc, les poches en long dans la même direction & de fuite à la hanche, qui fera marquée par un petit bouton : elles feront fermées au milieu par un bouton de même, & le bordé de la poche, qui fe terminera par le haut en forme de fer de pique, s'attachera au petit bouton de la hanche, & fera du galon de la couleur du buffle : le devant du buffle fera garni d'agraffes jufqu'au deffous de l'eftomac.

La vefte ou gillet uniforme, fans poches, de drap blanc, doublée de cadis de même couleur, bordée fur le devant d'un petit galon de laine rouge large de neuf lignes, & garnie de douze petits boutons : culotte de peau.

Boutons blancs. . . . . n.° 7.

Chapeau bordé de galon blanc.

L'équipage du cheval en drap bleu, bordé d'un galon à deux lézardes rouges, fond en laine blanche veloutée.

ROYAL-CRAVATES.

Habit à la polonoife de drap bleu, fans poches ou pattes mar-quées, collet, revers & paremens de drap écarlate, bordés d'un petit galon de fil blanc, doublure de cadis ou ferge rouge, fept boutons au revers, dont un détaché & les fix autres de deux en deux, trois au-deffous, avec autant d'agrémens & houppes de fil blanc, & trois agrémens de galon plus étroit fur chaque hanche.

Vefte de drap chamois & culotte de peau.

Boutons blancs. . . . . n.° 8.

Chapeau bordé de galon blanc.

L'équipage du cheval en drap bleu, bordé d'un galon moucheté de bleu, rouge & blanc, fond aurore, en laine veloutée.

R O Y A L - R O U S S I L L O N.

Habit à la polonoife & paremens de drap bleu, fans poches ou pattes marquées, collet & revers de drap jaune bordés, ainfi que les paremens, d'un petit galon de fil blanc, doublure de ferge ou cadis jaune, fept boutons au revers placés à diftance égale, trois au-deffous avec autant d'agrémens & houppes de fil blanc, & trois agrémens de galon plus étroit fur chaque hanche.

Vefte de drap chamois & culotte de peau.

Boutons blancs. . . . . n.° 9.

Chapeau bordé de galon blanc.

L'équipage du cheval en drap bleu, bordé d'un galon à deux lézardes bleues, fond aurore, en laine veloutée.

R O Y A L - P I É M O N T.

Habit à la polonoife & collet de drap bleu, fans poches ou pattes marquées, paremens & revers de drap jaune-citron, bordés de même que le collet d'un petit galon de fil blanc, doublure de cadis ou ferge jaune-citron, fept boutons au revers, dont un détaché & les fix autres de deux en deux, trois au-deffous, avec autant d'agrémens & houppes de fil blanc, & trois agrémens de galon plus étroit fur chaque hanche.

Vefte de drap chamois & culotte de peau.

Boutons jaunes. . . . . n.° 10.

Chapeau bordé de galon blanc.

L'équipage du cheval en drap bleu, bordé d'un galon de laine à trois rangs de carreaux, celui du milieu rouge & blanc, les deux autres bleus, fond aurore, en laine veloutée.

R O Y A L - A L L E M A N D.

Habit à la polonoife en drap bleu, garni de dix brandebourgs de chaque côté, en laine ou fil blanc, de la longueur de cinq pouces & de douze lignes de large, doublure rouge, collet & petits paremens de drap écarlate, retrouffés en patte à la polonoife

fans

ſans brandebourgs, bordés d'un petit galon de laine ou fil blanc, l'habit garni de trois agrémens ou brandebourgs de laine ou fil blanc ſur chaque hanche comme les peliſſes hongroiſes.

Veſte courte de drap couleur de buffle, culotte de peau.

Boutons d'étain en olive.

Bonnet de peau d'ours pour coiffure, avec le fond en étoffe écarlate, garnie d'un cordon & d'une houppe de laine ou fil blanc.

L'équipage du cheval de drap bleu, bordé d'un galon fond blanc, avec une lézarde rouge au milieu, en laine veloutée.

ROYAL-POLOGNE.

Habit à la polonoiſe, collet & paremens de drap bleu, ſans poches ou pattes marquées, revers de drap écarlate, bordés, ainſi que les collet & paremens, d'un petit galon de fil blanc, doublure de cadis ou ſerge rouge, ſix boutons au revers, détachés par un, deux & trois, trois au-deſſous, avec autant d'agrémens & houppes de fil blanc, & trois agrémens d'un galon plus petit ſur chaque hanche.

Veſte de drap chamois: culotte de peau.

Boutons blancs. . . . . n.° 12.

Chapeau bordé de galon blanc.

L'équipage du cheval en drap bleu, bordé de galon à grain d'orge bleu, renfermant des carreaux blancs, fond aurore, en laine veloutée.

ROYAL-LORRAINE.

Habit à la polonoiſe de drap bleu, ſans poches ou pattes marquées, paremens, collet & revers de drap aurore, bordés d'un petit galon de fil blanc, doublure de ſerge ou cadis aurore, ſept boutons au revers, placés à diſtance égale, trois au-deſſous, avec autant d'agrémens de galon large de douze lignes, avec houppes, & trois agrémens de galon plus étroit ſur chaque hanche.

Veſte de drap chamois: culotte de peau.

Boutons blancs. . . . . n.° 13.

Chapeau bordé de galon blanc.

L'équipage du cheval en drap bleu, bordé de galon à tablettes blanches & bleues, fond plein, en laine.

ROYAL-PICARDIE.

Habit à la polonoiſe, collet, revers & paremens de drap bleu, ſans poches ou pattes marquées, bordés d'un petit galon de fil blanc, doublure de ſerge ou cadis chamois, ſept boutons au revers, dont un détaché & les autres de deux en deux, trois au - deſſous, avec autant d'agrémens & houppes de fil blanc, & trois agrémens de galon plus étroit ſur chaque hanche.

Veſte de drap chamois : culotte de peau.

Boutons blancs. . . . . n.° 14.

Chapeau bordé de galon blanc.

L'équipage du cheval en drap bleu, bordé de galon de laine à chaînettes jaunes, ſur un fond plein, en laine rouge.

R O Y A L - C H A M P A G N E.

Habit à la polonoiſe de drap bleu, ſans poches ou pattes marquées, paremens, collet & revers de drap jaune - citron, bordés d'un petit galon de fil blanc, doublure de ſerge ou cadis jaune-citron, ſix boutons au revers, détachés par un, deux & trois, trois au-deſſous, avec autant d'agrémens & houppes de fil blanc, & trois agrémens de galon plus étroit ſur chaque hanche.

Veſte de drap chamois : culotte de peau.

Boutons blancs. . . . . n.° 15.

Chapeau bordé de galon blanc.

L'équipage du cheval en drap bleu, bordé de galon à chaînettes noires, fond plein, iſabelle, en laine.

R O Y A L - N A V A R R E.

Habit à la polonoiſe de drap bleu, ſans poches ou pattes marquées, paremens, collet & revers de drap blanc, bordés d'un petit galon de fil blanc, doublure de ſerge ou cadis blanc, ſept boutons au revers, placés à diſtance égale, trois au-deſſous, avec autant d'agrémens de galon de douze lignes avec houppes, & trois agrémens de galon de fil blanc plus étroit ſur chaque hanche.

Veſte de drap blanc : culotte de peau.

Boutons blancs. . . . . n.° 16.

Chapeau bordé de galon blanc.

L'équipage du cheval en drap bleu, bordé d'un galon à chaînettes rouges, fond plein, blanc, en laine.

R O Y A L - N O R M A N D I E.

Habit à la polonoiſe de drap bleu, ſans poches ou pattes marquées, paremens, collet & revers de drap couleur de roſe, bordés d'un petit galon de fil blanc, doublure de ſerge ou cadis chamois, ſept boutons au revers, placés à diſtance égale, trois au-deſſous, avec autant d'agrémens & houppes de fil blanc, & trois agrémens de galon plus étroit ſur chaque hanche.

Vefte de drap chamois & culotte de peau.

Boutons blancs. n.° 17.

Chapeau bordé de galon blanc.

L'équipage du cheval en drap bleu, bordé d'un galon à tablettes rouges & blanches, fond plein, en laine.

LA REINE.

Habit à la polonoife, collet & paremens de drap bleu, fans poches ou pattes marquées, revers de drap écarlate, bordés, ainfi que les collet & paremens, d'un petit galon de laine ou fil blanc, doublure de ferge ou cadis rouge, fept boutons au revers, avec boutonnières blanches en petit galon de trois lignes de large, à diftance égale, trois boutons au-deffous, avec autant d'agrémens de galon de douze lignes, & trois de galon plus étroit, avec houppes fur chaque hanche.

Vefte de drap chamois : culotte de peau.

Boutons blancs. . . . . n.° 18.

Chapeau bordé de galon blanc.

L'équipage du cheval en drap rouge, bordé d'un galon à la livrée de la Reine, en laine veloutée.

DAUPHIN.

Habit à la polonoife & revers de drap bleu, fans poches ou pattes marquées, paremens & collet de drap écarlate, bordés, ainfi que le revers, d'un petit galon de fil blanc, doublure de ferge ou cadis rouge, fept boutons au revers, détachés par un, deux & quatre, & trois au-deffous, avec autant d'agrémens & houppes de fil blanc, & trois agrémens de galon plus étroit fur chaque hanche.

Vefte de drap chamois : culotte de peau.

Boutons blancs. . . . . n.° 19.

Chapeau bordé de galon blanc.

L'équipage du cheval en drap bleu, bordé d'un galon, moucheté de bleu, fond aurore, en laine veloutée.

BOURGOGNE.

Habit à la polonoife de drap bleu, fans poches ou pattes marquées, paremens, revers & collet de drap cramoifi, bordés d'un petit galon de fil blanc, doublure de ferge ou cadis cramoifi, fept boutons au revers, détachés, par un, deux & quatre, trois au-deffous, avec autant d'agrémens & houppes de fil blanc , & trois agrémens de galon plus étroit fur chaque hanche.

Vefte de drap chamois : culotte de peau.

Boutons blancs. n.° 20.

Chapeau bordé de galon blanc.

L'équipage du cheval en drap bleu , bordé d'un galon liféré de cramoifi , à mofaïque bleu , renfermant des grains d'orge cramoifis , fur un fond de laine blanche veloutée.

B E R R I.

Habit à la polonoife & collet de drap bleu , fans poches ou pattes marquées , paremens & revers de drap blanc , bordés , ainfi que le collet , d'un petit galon de fil blanc , doublure de ferge ou cadis blanc , fept boutons au revers , dont un détaché & les autres de deux en deux , trois au-deffous , avec autant d'agrémens de galon plus étroit fur chaque hanche.

Vefte de drap blanc : culotte de peau.

Boutons blancs. . . . . n.° 21.

Chapeau bordé de galon blanc.

L'équipage du cheval en drap bleu , bordé d'un galon en échelle bleu , rouge & blanc , fond aurore , en laine veloutée.

C A R A B I N I E R S.

Habit de drap bleu , à la françoife , paremens , revers & collet de drap écarlate , doublure de ferge ou cadis rouge , poche ordinaire , garnie de trois boutons fans boutonnières , trois de même au parement , qui fera bordé d'un galon d'argent, cinq au revers avec boutonnières en petit galon blanc , & deux au-deffous , auffi avec boutonnières de chaque côté.

Vefte de drap chamois : culotte de peau.

Boutons blancs.

Chapeau bordé de galon blanc.

L'équipage du cheval en drap bleu , bordé à la bourgogne d'un galon de fil blanc.

A R T O I S.

Habit à la polonoife de drap bleu , fans poches ou pattes marquées , paremens , revers & collet de drap bleu-célefte , bordés d'un petit galon de fil blanc , doublure de ferge ou cadis chamois , fix boutons au revers , détachés par un , deux & trois , trois au-deffous , avec autant d'agrémens & houppes de fil blanc , & trois agrémens de galon plus étroit fur chaque hanche.

Vefte

Vefte de drap chamois : culotte de peau.

Boutons blancs. n.° 23.

Chapeau bordé de galon blanc.

L'équipage du cheval en drap bleu, bordé d'un galon à lézardes bleues & rouges, fond aurore, en laine veloutée.

ORLÉANS.

Habit à la polonoife de drap bleu, fans poches ou pattes marquées, paremens, collet & revers de drap écarlate, bordé d'un petit galon de fil blanc, de fix lignes de large, doublure de ferge ou cadis rouge, fept boutons au revers, placés à diftance égale, trois au-deffous avec autant d'agrémens de fil blanc d'un pouce de large, & houppes de fil blanc, trois agrémens de galon large de fix lignes, avec houppes fur chaque hanche.

Vefte de drap chamois : culotte de peau.

Boutons jaunes aux armes d'Orléans. . . . . n.° 24.

Chapeau bordé de galon blanc.

L'équipage du cheval en drap rouge, bordé de galon à la livrée d'Orléans, rayé dans le milieu de deux raies blanches & bleues.

CHARTRES.

Habit à la polonoife, collet de drap bleu, fans poches ou pattes marquées, paremens ou revers de drap écarlate, bordé, ainfi que le collet, d'un petit galon de fil blanc, doublure de ferge ou cadis rouge, fept boutons au revers, dont un détaché & les fix autres placés de deux en deux, trois au-deffous avec autant d'agrémens & houppes de fil blanc, & trois agrémens de galon plus étroit fur chaque hanche.

Vefte de drap chamois : culotte de peau.

Boutons jaunes aux armes d'Orléans. . . . . n.° 25.

Chapeau bordé de galon blanc.

L'équipage du cheval en drap rouge, bordé de galon à la livrée d'Orléans, fond bleu au milieu de deux raies de carreaux oblongs, rouges & blancs, en laine veloutée.

CONDÉ.

Habit à la polonoife de drap bleu, fans poches ou pattes marquées, paremens, collet & revers de drap chamois Condé, bordés d'un petit galon de fil blanc, doublure de ferge ou cadis chamois, fept boutons au revers, placés à diftance égale, trois au-deſſous, avec autant d'agrémens & houppes de fil blanc, & trois agrémens de galon plus étroit ſur chaque hanche.

Veſte de drap chamois: culotte de peau.

Boutons blancs. . . . . n.° 26.

Chapeau bordé de galon blanc.

L'équipage du cheval en drap chamois Condé, bordé de galon uni cramoiſi, plein, en laine veloutée.

BOURBON.

Habit à la polonoiſe, paremens & collet de drap bleu, ſans poches ou pattes marquées, revers de drap chamois Condé, bordés, ainſi que les paremens & collet, d'un petit galon de fil blanc, doublure de ſerge ou cadis chamois, ſept boutons au revers, dont un détaché & les ſix autres placés de deux en deux, trois au-deſſous, avec autant d'agrémens & houppes de fil blanc, & trois agrémens de galon plus étroit ſur chaque hanche.

Veſte de drap chamois: culotte de peau.

Boutons blancs. . . . . n.° 27.

Chapeau bordé de galon blanc.

L'équipage du cheval en drap chamois Condé, bordé d'un galon de laine velouté, avec raie ventre-de-biche au milieu de deux raies cramoiſies, mouchetées de blanc, liſérées de couleur ventre-de-biche.

CLERMONT.

Habit à la polonoiſe & revers de drap bleu, ſans poches ou pattes marquées, paremens & collet de drap chamois Condé, bordés, ainſi que les revers, d'un petit galon de fil blanc, doublure de ſerge ou cadis chamois, ſix boutons au revers, détachés par un, deux & trois, trois au-deſſous, avec autant d'agrémens & houppes de fil blanc, & trois agrémens de galon plus étroit ſur chaque hanche.

Veſte de drap chamois: culotte de peau.

Boutons blancs. . . . . n.° 28.

Chapeau bordé de galon blanc.

L'équipage du cheval en drap chamois Condé, bordé d'un galon fond cramoiſi, ſemé de petits carreaux blancs, en laine veloutée.

CONTY.

Habit à la polonoiſe & paremens de drap bleu, ſans poches ou pattes marquées, revers & collet de drap chamois Conty, bordés, ainſi que les paremens, d'un petit galon de fil blanc, doublure de serge ou cadis chamois Conty, six boutons au revers, détachés par un, deux & trois, trois au-dessous, avec autant d'agrémens & houppes de fil blanc, & trois agrémens de galon plus étroit sur chaque hanche.

Veste de drap chamois: culotte de peau.

Boutons blancs. n.° 29.

Chapeau bordé de galon blanc.

L'équipage du cheval en drap chamois Conty, bordé d'un galon de fil tissu à chaînettes blanches, mouchetées de rouge & bleu, avec une chaînette rouge renfermée dans des doubles chaînettes bleues.

PENTHIÈVRE.

Habit à la polonoise & collet de drap bleu, sans poches ou pattes marquées, paremens & revers de drap jaune-citron, bordés, ainsi que le collet, d'un petit galon de fil blanc, doublure de serge ou cadis jaune-citron, sept boutons au revers, détachés par un, deux & quatre, trois au-dessous, avec autant d'agrémens & houppes de fil blanc, & trois agrémens de galon plus étroit sur chaque hanche.

Veste de drap chamois: culotte de peau.

Boutons blancs aux armes de Penthièvre. . . . . n.° 30.

Chapeau bordé de galon blanc.

L'équipage du cheval en drap rouge, bordé de galon à la livrée de Penthièvre.

NOAILLES.

Habit à la polonoise & paremens de drap bleu, sans poches ou pattes marquées, collet & revers de drap écarlate, bordés, ainsi que les paremens, d'un petit galon de fil blanc, doublure de serge ou cadis rouge, six boutons au revers, détachés par un, deux & trois, trois au-dessous, avec autant d'agrémens & houppes de fil blanc, & trois agrémens de galon plus étroit sur chaque hanche.

Veste de drap chamois: culotte de peau.

Boutons blancs. n.° 31.

Chapeau bordé de galon blanc.

L'équipage du cheval en drap bleu, bordé de galon à tablettes violettes & jaunes, en laine, fond uni.

CHAPITRE IV.
DES HUSSARDS.

ARTICLE PREMIER.

De l'Habillement.

LES régimens de Hussards porteront l'habillement uniforme en drap vert, façonné à la hongroise.

La culotte sera à la hongroise de drap rouge-garance, doublée d'une forte toile écrue.

L'écharpe sera composée de laine cordonnée, de la longueur de huit pieds, de couleur rouge - garance ; mais les boutons de ladite écharpe feront des couleurs affectées à chaque régiment pour la garniture des bonnets.

Les sabretaches seront de drap rouge, & bordés autour d'un petit morceau de cuir de couleur naturelle, indépendamment d'un galon de fil blanc de dix lignes de largeur ; ils seront ornés du chiffre du Roi, en drap des couleurs affectées à chaque régiment, entouré de cordonnet blanc.

Le manteau, & le capuchon qui y sera attaché, feront de drap vert teint en pièce, fabriqué & apprêté à deux envers.

Indépendamment de la pelisse & veste uniforme, il sera donné un surtout & un gillet, ainsi qu'il est réglé par l'*article 1.ᵉʳ du chapitre III de la Cavalerie*.

ARTICLE 2.

De la Coiffure.

LES cheveux des Hussards seront retroussés en cadenettes sous le bonnet, les faces feront roulées sur une petite lame de plomb ou un carton.

Les bonnets ou schakos seront de feutre noir, bordés d'un galon de neuf lignes de large.

Les

Les cocardes ou aigrettes feront blanches, & elles feront fournies & entretenues par les Huffards.

A R T I C L E 3.

Des marques diftinctives du Grade, dans les compagnies de Huffards.

Les Fourriers & les Maréchaux-des-logis porteront la bordure de leur peliffe en peau de dos de renard.

Le Fourrier portera en fus du galon, dont les manches de la peliffe & de la vefte, & les poches de la culotte du Huffard feront garnies, un petit cordonnet en dedans, coufu dans le même deffein que le galon, & deux en dehors deffinés en forme de trèfle, pour lefquelles diftinctions il fera fourni neuf aunes & un quart de ganfe fchuitache.

Le Maréchal-des-logis portera la même diftinction, fi ce n'eft que le trèfle fera formé avec un feul cordonnet, pour quoi il en fera employé fix aunes & demie.

Le Brigadier portera le galon renfermé entre deux cordonnets qui feront coufus dans le même deffein que le galon, fans qu'il puiffe marquer le trèfle ou aucune fleur; à l'effet de quoi il fera fourni fix aunes de ganfe fchuitache.

Les fabretaches feront les mêmes que ceux qui font réglés pour les Huffards.

A R T I C L E 4.

De l'Habillement des Trompettes.

Les Trompettes des régimens de Huffards, à l'exception de celui de Royal-Naffau qui portera la livrée du Roi, porteront la cafaque à la livrée des Colonels.

Les Trompettes feront coiffés avec un chapeau bordé de fil blanc, large de feize lignes.

A R T I C L E 5.

De l'Habillement des Officiers.

L'uniforme des Officiers fera en tout femblable à

celui des Huſſards, & ne différera que par la qualité des draps qui feront d'Elbœuf ou des manufactures de même eſpèce, des boutons qui feront argentés, & des galons & cordonnets qui feront en argent, & dont la poſition & l'arrangement feront les mêmes que pour les Huſſards, à l'exception des Meſtres-de-camp, Lieutenans-colonels & Majors, qui porteront de plus un cordonnet couſu en zigzag au derrière des boutonnières.

La doublure des peliſſes fera de peau du ventre des martres de France, & la bordure de gorge de renard.

Les Meſtres-de-camp porteront les galons de la largeur de ſix lignes, renfermés par un cordonnet de chaque côté: le bout des manches de la peliſſe & de la veſte fera garni d'un troiſième cordonnet, dont il fera formé un deſſein en fleurons de la hauteur de quatre pouces au plus.

Les deux angles du devant de la peliſſe & du tolmann, feront ornés d'un petit fleuron de même, deſſiné en cordonnet.

La poche de la culotte fera entourée du même galon de ſix lignes de largeur, renfermé par un double cordonnet de chaque côté; le galon formera, dans la partie inférieure, un nœud à la hongroiſe, entouré d'un petit deſſein de fleurons, formés par le cordonnet; les coutures feront recouvertes d'un petit galon d'argent, renfermé de deux cordonnets feulement fans aucun deſſein à fleurons.

Le ſabretache fera bordé d'un galon d'argent large de quinze lignes, & d'un cordonnet tracé en dedans, formant un petit fleuron à chaque angle, orné d'une frange en graines d'épinards & nœuds de cordelières en argent; le chiffre du Roi fera placé dans le milieu comme au ſabre-tache des Huſſards.

Les Lieutenans-colonels porteront ſur la peliſſe & le tolmann, comme les Meſtres-de-camp, le galon large de ſix lignes, renfermé par un cordonnet de chaque côté; les manches de la peliſſe & de la veſte, & les poches de la culotte feront entourées du même galon, renfermé d'un cordonnet de chaque côté; celui du dehors fera prolongé pour former un petit deſſein en fleurons de la hauteur de deux pouces au plus; le galon fera placé en nœud à la hongroiſe, à l'extrémité de l'ouverture de la poche de la culotte.

Les angles du devant de la peliſſe & du tolmann feront ornés des mêmes fleurons façonnés en cordonnet.

Le ſabretache fera bordé d'un galon de douze lignes & d'un cordonnet placé de même que pour le Meſtre-de-camp, il fera orné d'une frange ſimple ſans graines d'épinards ou nœuds de cordelières.

Le Major portera, ſur la peliſſe & ſur la veſte, le galon de ſix lignes, renfermé par un cordonnet de chaque côté, les manches de l'habillement & les poches de la culotte feront entourées de même ſans aucuns fleurons; le galon à l'extrémité des poches de la culotte fera couſu en nœud à la hongroiſe.

Le ſabretache fera bordé d'un galon de douze lignes de large ſans franges, autour duquel il fera couſu, en dedans, un petit cordonnet d'argent, formant un fleuron dans chaque coin.

L'habillement des Capitaines fera comme celui du Major, à l'exception du galon qui n'aura que trois lignes de largeur, renfermé par un cordonnet de chaque côté; le ſabretache fera le même qui a été réglé pour le Major.

Le Lieutenant portera le même galon qui eſt réglé pour l'habillement des Capitaines, mais il ne fera accompagné que d'un ſeul cordonnet; le galon du ſabretache fera de neuf lignes de largeur, & il fera ſuivi d'un cordonnet dont il ne fera formé aucun fleuron dans les angles.

Le Sous-lieutenant portera le même galon en argent, de trois lignes de largeur, ſans aucun cordonnet; le ſabre-tache fera ſemblable à celui des Lieutenans.

Le Quartier-maître portera le même habillement que le Sous-lieutenant, & ne différera que par le deſſein du galon coufu à l'extrémité des poches de la culotte en forme, de trèfle au lieu du nœud à la hongroife. .

Les bonnets ou fchakos feront uniformes à ceux qui ont été réglés pour les Huffards, & ne différeront que par la qualité plus fine des matières dont ils feront compofés.

Les écharpes feront en poil de chèvre des couleurs réglées pour celles des Huffards; les boutons feront mêlés de filés d'argent & de poil de chèvre de la couleur déterminée pour les boutons de l'écharpe des Huffards.

Les furtouts & gillets de furtouts que pourront porter les Officiers de Huffards, feront de drap vert, unis & fans dorure, garnis de boutons blancs comme ceux des Huffards; ils porteront feulement, pour les diftinctions des grades, les épaulettes réglées pour les Officiers de la Cavalerie; le petit parement & le collet feront de la même forme que ceux des Huffards, des couleurs affcctées à la diftinction des régimens.

Le chapeau que les Officiers porteront avec le furtout, fera uni, fans bords, plumets ou bourdaloues, mais garni fimplement d'un bouton, ganfe d'argent & cocarde.

Les bottes pour les Officiers feront de cuir noir, façonnées à la hongroife; celles de cuir ou peau de couleur tranchante, font & demeurcront expreffément défendues.

A R T I C L E 6.

De l'Équipement des Huffards.

LES cols feront d'étoffe noire pour tous les régimens de Huffards.

Les manches de chemifes fans manchettes, & les gants feront exécutés ainfi qu'il eft prefcrit pour la Cavalerie.

Les bottes feront de cuir de veau fort ou de petite vache noircie & cirée en fuif, façonnées à la hongroife; le talon fera garni d'un petit fer pour en prolonger la durée.

Le

Le reſſemelage & la remonture des bottes feront & demeureront à la charge des Huſſards.

Le ſabre fera à la hongroiſe à monture de cuivre, ſimple branche en croix; la poignée fera couverte d'un cuir bouilli, crénélé avec un fil de laiton retors, garni ſur le dos d'une plaque de cuivre: la lame fera à dos, pleine & courbe de deux pouces de cambre, de l'épaiſſeur de quatre lignes près de la ſoie, de trente-trois pouces & demi de longueur, de ſeize lignes de largeur au talon, & de quatorze à la pointe, qui fera retrouſſée & tranchante ſur le dos d'environ huit pouces; le fourreau de cuir de vache avec écliſſe ou fût rond, fera garni d'une chappe de cuivre de cinq pouces & demi de long avec cuvette en dedans, & d'anneaux en bélières de fer foudé; il fera garni à ſon extrémité d'un bout de cuivre de la longueur de dix-ſept pouces & d'un talon de fer.

Le cordon du ſabre fera de cuir noirci.

Le ceinturon fera à la hongroiſe, en cuir de Ruſſie, de la largeur de quinze lignes, garni d'anneaux & de boucles de cuivre avec ardillons de fer.

La bandoulière fera de cuir de Ruſſie, ſans piqûre ni bordure, large de trois pouces & longue de cinq pieds quatre pouces; elle fera garnie proportionnément à ſa largeur, d'un anneau roulant de fer pour porter le mouſqueton, d'une boucle forte en cuivre avec ardillon de fer forgé, & d'un coulant de cuivre pour aſſujettir l'extrémité de la bandoulière qui fera garnie dans ſa largeur, d'une plaque de cuivre feſtonnée dans le milieu, large de quinze lignes.

La cartouche fera de cuir de veau noir, longue de huit pouces neuf lignes, ſur un pouce huit lignes d'épaiſſeur, elle fera bordée aux deux bouts avec du cuir de veau, elle fera d'une forme concave en dedans & convexe à l'extérieur, garnie d'un bois percé à vingt coups, ceinte avec une courroie à boucle pour la fermer; la pattelette de cuir noir, liſſé & bordé tout autour d'un cuir de veau; le coffret de bois de ladite cartouche sera recouvert d'un morceau de cuir, de chaque côté, pour prévenir l'humidité.

La courroie, pour support, sera de cuir rouge de Ruffie, large de vingt-deux lignes, & longue de quatre pieds dix pouces; les deux extrémités seront affujetties au coffret de la cartouche, au moyen d'anneaux de cuir qui y feront attachés; la branche à gauche du porte-cartouche fera garnie à un pied de diftance de l'anneau auquel elle fera affujettie, d'une boucle de cuivre avec ardillon pour recevoir l'autre branche & l'alonger ou la raccourcir fuivant le befoin; le bout de cette dernière branche fera garni d'une petite plaque de cuivre de la largeur de neuf lignes, feftonnée dans fon milieu.

Le porte-manteau du Huffard, fera fait de tricot rouge, de fept douzièmes de large garni de galons, des couleurs affectées à chaque régiment; il fera long de vingt - fept pouces, les extrémités feront arrondies, bordées autour d'un galon large de neuf lignes réglé pour chaque régiment, croifé du même galon dans le milieu; ledit porte-manteau aura vingt pouces de circonférence, l'ouverture du porte-manteau fera de dix pouces, & fera fermée avec cinq boutons de tricot & pareil nombre de boutonnières; il fera façonné avec trois quarts de tricot, & doublé avec fept douzièmes de treillis large de trois quarts. Il y fera employé une aune cinq fixièmes de petit galon de neuf lignes de large.

Les Huffards feront pourvus des mêmes effets détaillés pour le petit équipement des Cavaliers.

<h2 style="text-align:center">A R T I C L E 7.</h2>

De l'Harnachement des chevaux de Huffards.

LES felles des Huffards & les parties qui en dépendent, feront façonnées à la hongroife, au plus folide & au plus fimple.

L'équipage du cheval ou fchabraque fera de peau de

mouton, feftonné de tricot des couleurs réglées pour chaque corps, il aura vingt-quatre pouces au moins de largeur à l'extrémité qui doit couvrir les piftolets.

La couverture de laine, pour fervir fous la felle, fera de fept pieds & demi de long, & de cinq pieds & demi de large, du poids d'environ fept livres.

ARTICLE 8.

De l'Équipement des Officiers de Huffards.

Le fabre pour les Officiers fera à la hongroife, à garde de cuivre & fimple branche en croix; la poignée fera recouverte de cuir crénelé & garnie de cordon de laiton; la lame fera courbe & des mêmes proportions que celle du Huffard.

Le cordon de fabre fera de filés d'or & de foie, mêlés dans les proportions réglées pour l'Infanterie, *article 10 du Chapitre premier.*

Le ceinturon fera de cuir rouge, des mêmes largeurs & proportions qu'il a été réglé pour le Huffard, *article 6.*

Le fabretache fera façonné de même que celui du Huffard, & garni de cordonnet & galon en argent, de la même largeur que celle qui eft réglée pour chaque grade à *l'article 5* du préfent Règlement.

ARTICLE 9.

De l'Harnachement des chevaux d'Officiers.

LE corps de la felle, pour les chevaux & l'équipage qui en dépend, fera pour les Officiers de même forme que celle réglée pour les chevaux de Huffards.

Le fchabraque ou équipage du cheval pour les Colonels, Lieutenans-colonels, Majors, Capitaines, fera de peau naturelle ou imitant celle de la panthère, garnie au pourtour d'une bande de drap feftonnée, de la couleur affectée à chaque régiment & bordée d'un petit galon d'argent de fix lignes de largeur.

Le fchabraque ou équipage du cheval pour les Lieutenans & les autres Officiers de grade inférieur, fera de peau de veau peinte en forme de peau de tigre, garnie au pourtour d'une bande de drap feftonné de la couleur affectée à chaque régiment, fans galon d'aucune efpèce.

Les têtières de brides, poitrails & croupières ne feront garnies d'aucuns petits clous ou fleurons d'étain ou d'autre matière.

ARTICLE 10.

De l'Armement des Huffards.

LES Fourriers & les Maréchaux-des-logis feront armés de deux piftolets & d'un fabre, & les Huffards auront de plus un moufqueton.

ARTICLE 11.

De l'Armement des Officiers de Huffards.

INDÉPENDAMMENT du fabre uniforme dont chaque Officier devra être équipé, il fera, ainfi qu'il a été d'ufage, armé de deux piftolets.

ARTICLE 12.

Des Faux-frais dans les régimens.

LA dépenfe, fous le titre de Faux-frais, fera & demeurera réglée pour tous les régimens d'Huffards, de la même manière prefcrite par *l'article 16 du chapitre III de la Cavalerie.*

ARTICLE 13.

Du Ferrage des chevaux.

LES difpofitions prefcrites à cet égard par *l'article 17 du chapitre III de la Cavalerie,* feront fuivies par les régimens de Huffards.

ARTICLE 14.

ARTICLE 14.

De l'Uniforme des HUSSARDS.

BERCHÉNY.

Peliffe & vefte de drap vert, les paremens - retrouffis en drap rouge-garance, la culotte de même drap, le bordé & le cordonnet pour agrémens, de laine ou fil blanc.

Le fchako de feutre noir, doublé d'étoffe rouge & bordé d'un galon de laine ou fil blanc.

Le fabretache fera rouge, bordé d'un galon blanc, avec le chiffre du Roi de la même couleur que le fabretache, entouré d'un cordonnet blanc.

L'équipage du cheval fera de peau d'agneau, bordé d'étoffe de laine rouge feftonnée.

CHAMBORANT.

Peliffe & vefte de drap vert, les paremens - retrouffis noirs, la culotte de drap rouge ; le bordé & le cordonnet pour agrémens, en blanc.

Le fchako de feutre noir, doublé d'étoffe de laine & bordé d'un galon de même couleur.

Le fabretache fera rouge, bordé d'un galon noir, avec le chiffre du Roi de même couleur.

L'équipage du cheval fera de peau d'agneau, bordé d'un feflon d'étoffe de laine noire.

ROYAL-NASSAU.

Peliffe & vefte de drap vert, les paremens - retrouffis de drap orange, culotte rouge, le bordé & le cordonnet pour agrémens, blancs.

Le fchako de feutre noir, doublé d'étoffe de laine & bordé d'un galon de couleur orange.

Le fabretache fera rouge, bordé d'un galon orange, avec le chiffre du Roi de même couleur, entouré d'un cordonnet blanc.

L'équipage du cheval fera de peau d'agneau, bordé d'étoffe de laine, de couleur orange feftonnée.

ESTERHAZY.

Peliffe & vefte de drap vert, les paremens - retrouffis de drap blanc, culotte rouge, le bordé & le cordonnet pour agrémens, en fil blanc.

Habillement.   X

Le fchako de feutre noir, doublé d'étoffe de laine & bordé d'un galon *noir*.

Le fabretache fera rouge, bordé d'un galon blanc, avec le chiffre du Roi, en drap blanc, entouré d'un cordonnet noir.

L'équipage du cheval fera de peau d'agneau, bordé d'étoffe de laine gris-blanc feftonnée.

C H A P I T R E V.
D R A G O N S.
A R T I C L E P R E M I E R.
De l'Habillement.

TOUTES les parties de l'habillement feront façonnées proportionnément à la taille des hommes, affez larges & aifés pour que le Dragon puiffe commodément faire les mouvemens qui lui feront ordonnés, fans être gêné & fans être expofé à déchirer les coutures de fon habillement; les habits neufs feront d'une longueur raifonnable à pouvoir arriver, en fortant de la main de l'ouvrier, à trois pouces de terre lorfque le Dragon fera à genoux, les revers boutonnés ; & feront lefdits habits tenus affez larges pour être aifément boutonnés dans la longueur du revers.

La vefte fera de drap chamois ; les culottes feront de peau, telles qu'elles ont été réglées pour la Cavalerie.

Il fera fourni, indépendamment de l'habillement uniforme, les furtouts & gillets d'étoffe de laine croifée, de la couleur affectée à l'habillement des Dragons, & de la même manière qu'ils ont été réglés pour la Cavalerie.

Le manteau fera de drap gris-blanc piqué de bleu.

A R T I C L E 2.
De la Coiffure.

LES cheveux des Dragons feront liés en queue fans

rofette, les faces feront roulées fur une petite lame de plomb ou un carton.

Les Dragons feront coiffés avec le cafque en cuivre, garni de fon cimier & rofette de même métal.

Les cafques feront garnis de crinière noire, ceux de la feule compagnie des Dragons du Colonel-général, feront garnis d'une crinière blanche.

Le cafque fera porté droit perpendiculairement.

Les Dragons qui feront congédiés, ne pourront emporter leurs cafques, ils feront retirés & confervés pour fervir aux Dragons de remplacement; & pour donner moyen d'acheter un chapeau aux hommes qui devront fe retirer chez eux pour jouir de la folde ou demi-folde, fe rendre aux Invalides, ou enfin à ceux qui après avoir rempli le terme de leur engagement, obtiendront leur congé abfolu, il fera délivré à chacun une fomme de quarante fous.

ARTICLE 3.

Des marques diftinctives des Grades dans les compagnies de Dragons.

LES Fourriers porteront deux bandes de galon fin de la couleur du bouton, large de douze lignes, coufues en travers fur le dehors de la manche au-deffus du pli du bras.

Ils porteront de plus un bordé du même galon fur le parement.

Les Maréchaux-des-logis porteront le fimple bordé de galon fin aux paremens.

Les Brigadiers porteront au parement un double bordé de galon blanc ou jaune, fuivant la couleur du bouton.

Les Appointés porteront un feul bordé aux paremens.

ARTICLE 4.

De l'Habillement des Tambours.

LES Tambours porteront l'habit de drap bleu doublé de ferge ou cadis rouge, & les galons affectés à la livrée du Roi, avec les revers, paremens, collet, vefte & culotte des couleurs déterminées, coupe des poches & pofitions des boutons réglés pour chaque régiment, à l'exception des deux régimens de l'État-major, de ceux de la Reine & des Princes du Sang qui continueront à porter l'habit de la livrée des Colonels titulaires, en fe conformant toutefois aux marques diftinctives de l'uniforme de chaque régiment, de forte que les paremens, collet & revers qui fe trouveront dans l'uniforme des Soldats, de même couleur que le fond de leur habit, feront de même drap pour les Tambours que fera celui de leur habit.

ARTICLE 5.

De l'Habillement uniforme des Officiers.

L'UNIFORME des Officiers fera femblable à celui des Dragons, & ne différera que par la qualité des draps qui feront d'Elbeuf ou des manufactures de même efpèce, & des boutons qui feront dorés ou argentés fuivant la couleur blanche ou jaune qui leur eft affectée.

ARTICLE 6.

Difpofitions générales fur l'Uniforme.

LES boutonnières des habits uniformes des Officiers & des Dragons (à l'exception de ceux des deux régimens de l'État-major, qui feront faites en petit galon aurore de trois lignes de large pour les Dragons, & en petit galon d'or de même largeur pour les Officiers), feront exécutées en poil de chèvre de la couleur des draps fur lefquels elles feront appliquées, celui des autres couleurs tranchantes étant expreffément défendu.

Les

Les veftes feront en drap chamois comme celles du Dragon, fimples & fans dorure; les redingottes ou manteaux qu'ils porteront à la tête de leur troupe, feront de drap vert, & le collet fera garni d'un bordé d'or ou d'argent, de la largeur d'un pouce, fuivant la couleur du bouton.

Les Officiers pourront porter, pour leur commodité, des furtouts en étoffe commune, mais ils feront tenus d'y ajouter les collets, paremens & revers des couleurs réglées pour l'uniforme de leur régiment, & d'obferver le nombre & la pofition des boutons.

Les Officiers ne porteront, fous aucun prétexte, de doublures de foie, galons ou boutonnières de fil d'or ou d'argent, autres que ceux qui font réglés pour les habits uniformes.

Tous les Officiers, de quelque grade qu'ils foient, feront tenus de porter, en toute occafion au régiment, leur habit uniforme tout le temps qu'ils exifteront au fervice. L'ufage des manchettes de dentelles, fera & demeurera prohibé.

ARTICLE 7.

Des marques diftinctives des Grades des Officiers de Dragons.

LES éguillettes feront & demeureront fupprimées.

Le Colonel portera une épaulette de chaque côté, en treffe d'or ou d'argent, felon la couleur du bouton blanc ou jaune affectée au régiment, ornée de franges à graine d'épinards & nœuds de cordelières, fans qu'elle puifle être brodée ou enrichie de paillettes.

Le Lieutenant - colonel portera à gauche une feule épaulette, de même garnie de franges, comme celle du Colonel.

Le Major portera de chaque côté, une épaulette en or ou en argent, ornée de franges feulement, fans graines d'épinards ou nœuds de cordelières.

Habillement.   Y

Les Capitaines & les Aides-majors qui auront commiſſion de Capitaine, porteront à gauche une épaulette en or ou en argent, ornée de franges comme celle du Major.

Le Lieutenant ne pourra porter l'épaulette pleine en or ou en argent; elle ſera loſangée de carreaux de ſoie, de la couleur tranchante des paremens, revers ou collet uniformes réglés pour chaque régiment, ſur un fond de treſſe d'or ou d'argent uniforme à la couleur du bouton; la frange dont l'épaulette ſera ornée, ſera mêlée de filé d'or ou d'argent & de ſoie, dans la proportion du mélange qui ſera dans le tiſſu de l'épaulette.

Le Sous-lieutenant portera l'épaulette à fond de ſoie, de la couleur tranchante des diſtinctions de l'uniforme, avec des carreaux de treſſe d'or ou d'argent uniformes à la couleur du bouton, & des franges mêlées de ſoie & de filés d'or ou d'argent, en proportion du mélange de l'épaulette.

Le Porte-drapeau portera l'épaulette à fond de ſoie, de la couleur tranchante des diſtinctions de l'uniforme, liſérée d'or ou d'argent uniformes à la couleur du bouton & garnie de franges aſſorties.

Les Officiers ne pourront porter que les diſtinctions réglées & déterminées pour les emplois qu'ils exerceront dans les corps, encore qu'ils fuſſent pourvus de commiſſion de grade ſupérieur.

A R T I C L E 8.

De l'Équipement des Dragons.

LES cols feront d'étoffe noire pour tous les régimens de Dragons qui porteront le collet du juſtaucorps de couleur rouge; ils pourront être d'étoffe rouge pour ceux qui porteront le collet de l'habit de couleur différente.

Les manches de chemiſes feront à la matelote; les manchettes que le Dragon portera, feront d'un pouce de haut, couſues à de petites fauſſes-manches en amadis, qui, au moyen d'une boutonnière qu'elles auront de chaque côté dans la partie de derrière, se boutonneront à un bouton cousu sur la manche de la chemise près la fourchette, & elles se boutonneront ensuite dans la partie de dessus avec deux boutons qui doivent y être cousus.

Les manchettes de bottes seront de laine, tricotées à côte, & faites en forme de demi-bas, de couleur gris d'ardoise.

Les gants seront faits de façon à se replier sur le poignet; ils se boutonneront par un des coins à un bouton cousu sur le milieu ou environ du replis au dedans du poignet.

Les bottes seront molles, de cuir de veau fort; la genouillière sera de même cuir, formée par la longueur de la tige; la forme du soulier sera arrondie, les semelles du meilleur cuir fort, le talon sera garni en dessous d'un petit fer; l'éperon sera sans charnières, & chacune des branches sera terminée en forme de boucles, afin de pouvoir changer la botte de pied sans être obligé de démonter les éperons.

Le sabre pour les Dragons, sera à poignée de cuir, crénelé d'un fil de fer retors, longue de cinq pouces & demi, la garde sera à bandelettes de fer plat, faite en demi-panier, à trois branches; l'extrémité de la branche de côté, au travers de laquelle la soie de la lame doit passer, sera aplatie pour former une demi-coquille qui mettra le pouce à couvert; la garde sera montée sur une lame à pointe relevée, longue de trente-six pouces, pleine & à dos, de quatre lignes d'épaisseur au talon & de treize lignes de largeur.

Le fourreau sera de cuir de vache noirci fort, sans éclisse, garni d'un bout de cuivre de la hauteur de trois pouces, & d'une chappe de fer de trois pouces & demi de long; il y sera soudé en dedans une cuvette d'un pouce ou environ pour embrasser l'épaisseur du cuir & faciliter l'entrée de la lame; il sera garni de bélières & d'anneaux de fer soudé, pour y passer les courroies de support du ceinturon.

Le ceinturon sera à la hongroise, de buffle blanc, de

quatre pieds de long, large de vingt-huit lignes, fans piqûre, garni d'une forte boucle en cuivre avec ardillon de fer, & d'une chappe de fer ouverte pour y paffer un crochet en fer, qui fera coufu à l'extrémité de la gauche de la ceinture.

Il y fera de plus ajouté un pendant de buffle pour porter la baïonnette, fur lequel il fera coufu une petite boucle de fer deftinée à affujettir la baïonnette, au moyen d'une courroie de cuir dont le fourreau fera garni.

Les courroies porte-fabre dudit ceinturon, feront auffi de buffle blanc, de la largeur de quinze lignes, garnies de boucles de cuivre paffant dans les anneaux de même métal, qui feront coufus à la ceinture.

Le cordon ou dragonne du fabre, fera de cuir noirci, fort & folide, large de huit lignes, garni à l'extrémité d'un bouton, avec houppettes de cuir découpé, & d'un autre bouton coulant du même cuir.

La giberne du Dragon, fera faite en forme de boîte carré-longue, de neuf pouces fur deux pouces neuf lignes d'épaiffeur, quatre pouces de profondeur; elle fera faite de cuir de vache fort, & la prolongation de la partie poftérieure, qui fera fans couture, formera la pattelette, large de onze pouces à la partie inférieure, & coupée en diminuant infenfiblement vers la partie fupérieure, de façon à conferver neuf pouces quatre lignes à l'endroit du ceintre, échancré de façon à pouvoir ouvrir librement entre les deux branches de la courroie porte-giberne; l'extrémité de ladite pattelette fera coupée en feston, & le deffus fera garni d'un médaillon en cuivre, aux armes du Roi avec trophées de guidons; les parties de cuir qui formeront les flancs de ladite boîte, feront également de vache forte, fans qu'il puiffe y être introduit d'entre-deux de carton ou de bois; elles feront prolongées de deux pouces au-deffus de la profondeur ci-deffus défignée, afin d'y attacher la courroie porte-giberne; ladite boîte fera bordée de cuir de veau fur toutes les faces, & propre à recevoir un

coffret

coffret de bois de la longueur de huit pouces neuf lignes, fur deux pouces quatre à cinq lignes d'épaiffeur, percé à trente coups, lequel fera affujetti dans la boîte de la giberne, au moyen d'un morceau de cuir qui fera coufu à chaque flanc, & qui fera affez long pour croifer l'un fur l'autre & être fermé dans le milieu par un bouton de cuir, à l'effet d'empêcher que les cartouches ne fe perdent fi la giberne fe renverfoit.

Il fera coufu fur le devant de ladite boîte une grande bourfe de cuir de veau pour ferrer la pièce graffe, le flacon à l'huile & les pierres à feu, & l'entrée en fera fermée par un cordon de cuir & un bouton coulant; la pattelette fera affujettie fur la giberne au moyen d'une courroie & d'une boucle qui fera coufue dans le milieu de la partie inférieure.

La courroie porte-giberne fera de buffle blanc, large de deux pouces fix lignes & longue de cinq pieds; elle fera garnie, à quatre pouces près de la boîte de la giberne, d'une traverfe de même buffle de pareille largeur, & longue de onze pouces fix lignes; ladite courroie porte-giberne fera attachée, de chaque côté de ladite boîte, avec une forte lanière de cuir, & chaque bout de la courroie rentrera dans deux paffans de cuir noir qui feront coufus fur les flancs.

La courroie porte-fufil ou grenadière, fera de cuir de Ruffie, large de dix-fept lignes, fur trois pieds fix pouces de long; elle fera garnie à une des extrémités d'une petite boucle de fer ou de cuivre laiton cambrée de fix lignes dans le milieu, longue de dix-fept lignes & de cinq lignes d'ouverture.

Les guêtres de Dragons, feront de toile noire, & fe termineront à la pointe du genou.

Le porte-manteau fera fait d'étoffe croifée, verte ou rouge, fuivant l'uniforme réglé; il fera long de vingt-fept pouces au moins, les extrémités feront en carré-long de neuf pouces fur fept pouces & demi de hauteur, bordées autour d'un galon de la livrée de l'équipage du cheval, de neuf lignes de large, croisé d'un même galon dans le milieu ; l'ouverture dudit porte-manteau sera de dix-sept pouces, pour pouvoir contenir les effets propres à la personne du Dragon ; elle sera fermée par une petite patte qui sera assujettie avec sept anneaux de corde en lacet.

Il aura un double-fond de chaque côté, de cinq pouces de profondeur, pour pouvoir contenir l'éponge, l'étrille, la brosse, le peigne, l'époussette, deux fers pour le cheval, & du pain pour quatre jours ; chacun des doubles-fond sera fermé avec trois contre-sanglons & boucles enchappées : le porte-manteau sera de plus garni d'une double patte de dix pouces de large sur vingt-un de longueur, laquelle sera fermée avec trois contre-sanglons & boucles enchappées ; ledit porte-manteau sera de tricot ou estamette large de trois quarts, & doublé de treillis, de la largeur de trois quarts.

Le porte-manteau contiendra deux chemises, deux paires de fausses-manches, trois mouchoirs, une culotte de peau de rechange, une paire de manchettes de bottes, deux paires de guêtres, un sac à poudre & sa houppe, un étui à peigne, une paire de ciseaux, un étui à épingles & à aiguilles, une vergette pour les habits, le gilet, une paire de souliers, une boîte à graisse & des décrotoires renfermées dans un petit sac, les ustensiles d'écurie, & du pain pour quatre jours.

Le surtout sera plié & serré sous la patte du porte-manteau, les cordes à fourrage seront pliées & ficelées en carotte, & portées entre le trousse-quin de la selle & la charge du Dragon ; au moyen dudit porte-manteau toute espèce de besace sera supprimée.

ARTICLE 9.
De l'Harnachement des chevaux de Dragons.

LA housse sera faite de drap de la couleur réglée par l'Ordonnance, & bordée de galon de livrée de dix-huit lignes, des couleurs affectées à chaque régiment ; elle aura quarante pouces de longueur sur dix - huit pouces de largeur à la pointe, & neuf pouces sur le milieu de la croupe pour couvrir le couffinet, la houffe sera doublée de toile.

Les chaperons feront à calotte, de même drap que les houffes ; ils feront façonnés en forme de demi - cercle ovale, de la hauteur de fix pouces & un quart dans la partie du milieu, & de la longueur de neuf pouces quatre lignes pour recouvrir le demi - cercle du devant de la fonte, qui fera échancré de deux pouces ou environ ; le chaperon fera bordé autour d'un galon de livrée de dix-huit lignes de large, doublé par moitié pour que l'extérieur & le dedans dudit chaperon foient également bordés ; il fera doublé d'un cuir de veau jaune, formant une calotte propre à couvrir le piftolet ; il y fera coufu deux petites lanières de cuir, ouvertes en forme de boutonnières, qui ferviront à affujettir la calotte fur le piftolet, à deux petits boutons de cuir attachés à un demi-pouce de la couture des côtés & à trois pouces près du cercle de la fonte ; le chaperon fera coufu fous la partie antérieure du même cercle.

On aura attention de choifir le meilleur veau pour le total de la calotte, & de le mouiller avant de l'employer, ainfi que le galon pour le border, afin de prévenir les effets de la pluie qui pourroient fans cette précaution faire rétrécir la calotte.

Les fontes qui feront remplacées à l'avenir, auront environ quatorze pouces de longueur, échancrées fur le devant, & feize pouces ou environ fur le derrière, qui fera de forme plate ; elles feront exécutées de façon que la croffe du piftolet porte d'à-plomb fur le cercle de la fonte ; le derrière, qui fera placé fur le devant de la felle, aura cinq pouces de largeur ; le devant aura environ onze pouces de ceintre, mefuré fur le cercle de la fonte, & les anciens piftolets qui feront deftinés à fervir dans lefdites fontes, feront raccourcis en proportion.

Toutes les selles de remplacement & les parties qui en dépendent, seront exécutées conformément au modèle qui aura été envoyé à chaque régiment.

La garniture de bride sera en cuir noir, des proportions ci-après ; le haut de la têtière, composé de deux branches de cuir de douze lignes de large chacune, sera enveloppé d'un morceau de cuir de cinq pouces & demi de long, lequel sera garni en dessus d'une petite chaîne de fer de même longueur ; la première branche de cuir pour porter le mors, sera garnie à son extrémité droite d'une boucle de fer destinée à recevoir ensemble la courroie porte-mors & celle du bridon ; la branche de cuir à gauche, parallèle à la première, sera garnie à chacune de ses extrémités de deux boucles, l'une pour recevoir les courroies de support du mors & du bridon, l'autre pour boucler (auprès du fronton dont la têtière sera garnie) avec l'extrémité gauche de la première branche ci-dessus désignée ; la seconde branche de cuir bouclera des deux côtés à une courroie qui sera garnie à chaque extrémité d'une boucle & formera la sous-gorge ; la têtière ne sera point garnie de muserolle ; le bridon sera de fer, brisé dans le milieu & garni d'un anneau à chaque extrémité ; les rênes du bridon seront de huit lignes de largeur & de cinq pieds de long ; l'un des bouts sera cousu à droite & à demeure dans un des anneaux du bridon ; l'autre garni d'une boucle de fer, sera passé dans l'autre anneau pour pouvoir être alongé ou raccourci dans le besoin ; les rênes de la bride seront de la largeur de douze lignes, & chacune aura quatre pieds & demi de longueur ; elles seront garnies de boucles pour recevoir la courroie destinée à passer dans l'anneau des mors.

Le licol pour les chevaux de Dragons, sera aussi de cuir noir ; les montans, les cuirs de joues, la muserolle & la longe, seront d'un pouce de largeur ; le fronton sera large de huit lignes ; la têtière du licol sera garnie de deux boucles & de deux anneaux de fer, dont l'un aura dix-huit lignes de diamètre, & l'autre dix lignes seulement.

Le

Le bridon-licol d'abreuvoir & d'écurie, fera fourni &
entretenu par le Dragon.

L'ufage des couvertes ayant été reconnu généralement
utile, fera fucceffivement introduit à mefure que le produit
de la retenue, celui des folde & demi-folde des abfens par
congé, & de la vente des fumiers fur lefquels la dépenfe
en fera affectée, le pourront permettre, & les Dragons
feront tenus de l'entretien.

ARTICLE 10.

De l'Équipement des Officiers de Dragons.

LES bottes pour les Officiers, feront de la même forme
que celles qui font réglées pour les Dragons; les éperons
feront de fer bronzé, ceux d'argent ou d'autre métal feront
expreffément défendus.

Le fabre fera à monture de fer poli, à double branche,
rentrante dans le pommeau de fer qui terminera la poignée,
la garde fera évidée & à jour; elle fera auffi forte que les
branches; la poignée fera à filé d'argent, la lame pleine,
droite & à dos, de la largeur d'un pouce au talon, de
l'épaiffeur de trois lignes, & longue de trente-quatre à
trente-fix pouces, proportionnée pour la force & la folidité,
le fourreau fera de cuir de vache fort, fans écliffes.

Chaque Officier fera tenu de garnir fon fabre d'un
cordon ou dragonne à un gland, mêlé de foie & de filés
d'or, dans la proportion déterminée fur le mélange des
épaulettes, conformément à ce qui eft réglé pour les
Officiers de l'Infanterie, *article 11 du chapitre I.er*

Le ceinturon pour les Officiers fera de buffle blanc, des
largeurs, proportions & formes qui ont été réglées pour
les Dragons.

Les Officiers des compagnies de Dragons devant être
armés de fufils, feront équipés d'une cartouche percée à
feize coups fur deux rangs; la boîte fera de cuir noir bordée
de même, recouverte d'une pattelette de cuir noir liffé,

Habillement.   A a fans bordure ni galon; elle fera ornée au milieu d'un écuffon aux armes du Roi & trophées de guidons, en cuivre doré; la cartouche fera fufpendue avec une courroie de buffle blanc, large de vingt-fept lignes.

A R T I C L E I I.

De l'Harnachement des chevaux des Officiers.

LA felle uniforme, fera de drap de la couleur de la houffe, les mors-de-brides feront garnis de boffettes jaunes.

Les houffes & chaperons pour les Officiers, feront de drap de la même couleur que celui qui eft réglé pour l'équipage du cheval des Dragons, exécutés dans la même forme & bordés d'un feul galon d'or ou d'argent, fuivant la couleur du bouton de l'habit, des largeurs ci-après.

S A V O I R :

De trente lignes pour les Meftres-de-camp, Lieutenans-colonels & Majors.

De vingt-quatre lignes pour les Capitaines, Lieutenans, Sous-lieutenans & Officiers-majors.

Et de dix-huit lignes pour les Porte-étendards & Quartiers-maîtres.

A R T I C L E 1 2.

Difpofition générale fur l'Équipage des Chevaux.

AUCUN régiment ne pourra porter à l'avenir d'écuffon ou trophées brodés ou appliqués fur les houffes & chaperons uniformes, à l'exception des deux régimens de l'État-major, auxquels les Meftres-de-camp titulaires feront porter comme attributs de charges.

S A V O I R :

Le Colonel-général, cinq guidons en faifceau, deux rouges, deux bleus & un blanc.

Le Meftre-de-camp-général, trois guidons de même en bleu, rouge & blanc.

Lefdits attributs feront façonnés en ferge découpée & entourée de cordonnet & franges de laine; chaque attribut fera réduit à environ cinq pouces de longueur.

ARTICLE 13.

De l'Armement des Dragons.

LES Fourriers de Dragons seront armés de fusil, de baïonnette & d'un sabre, ils porteront, pour les campemens, une fiche longue de six pieds, garnie d'une banderole de drap de la couleur du régiment.

Les Maréchaux-des-logis seront, comme le surplus de la compagnie, armés de fusils, de baïonnettes & d'un sabre.

Les Fourriers & Maréchaux-des-logis seront armés de deux pistolets chacun, & le surplus de la compagnie sera armé, ainsi qu'il a été observé jusqu'ici, d'un seul pistolet, d'un sabre & d'un outil avec son étui, conformes aux modèles qui seront envoyés.

Le fusil du Dragon sera à baguette d'acier, le canon aura trois pieds six pouces de longueur ; il sera rond, à l'exception d'un petit pan à la lumière de la longueur du rempart de la platine & d'un semblable du côté opposé, & sera en tout semblable à celui du fusil du Soldat, excepté que le tenon de la baïonnette sera brasé du côté de la lumière.

Le fusil du Dragon sera garni en cuivre, & la baguette sera la même que celle du fusil du Soldat ; la douille de la baïonnette aura trois pouces deux lignes de longueur, & la lame sera d'ailleurs semblable à celle du Grenadier, le fourreau sera aussi pareil.

Le fusil sera monté en bois de noyer, & cette monture aura la même coupe, les mêmes longueur & épaisseur dans tous ses points que celle du fusil du Soldat.

Le fusil avec la baïonnette & son fourreau, pèsera environ neuf livres.

Le pistolet de Dragon sera composé d'un canon de huit pouces six lignes de longueur, dans la forme du canon du fusil, son diamètre extérieur au tonnerre, sera de douze lignes & demie ; & l'extrémité supérieure, qui sera un peu en trompe, de neuf lignes ; son calibre sera de sept lignes.

La lumière, d'un peu moins d'une ligne de diamètre , fera percée à fix lignes & demie de la culaffe , bien au milieu du petit pan.

Le piftolet fera monté en bois de noyer ; le canon excédera le bois d'environ deux lignes & demie.

La garniture fera en cuivre.

La baguette fera d'acier , femblable à celle du fufil; elle excédera la longueur du canon de trois ou quatre lignes , elle fera taraudée de cette longueur, elle pèfera environ quatorze. gros.

Le piftolet monté & garni pèfera environ deux livres & demie.

ARTICLE 14.

De l'Armement des Officiers.

INDÉPENDAMMENT du fabre uniforme dont chaque Officier des compagnies devra être équipé , il fera armé de deux piftolets & d'un fufil; le tout garni de métal jaune.

Les Colonels & Lieutenans-colonels de Dragons porteront le fabre à la main, foit à cheval, foit à pied ; les Majors & Aides-majors feront de même à cheval ou à pied, l'épée à la main.

Les Officiers de l'État-major porteront, comme ceux des compagnies, leur ceinturon fur la vefte.

ARTICLE 15.

Des Guidons.

LES Meftres-de-camp, ou Colonels commandant les régimens auxquels le Roi fournit les guidons, feront tenus de la dépenfe des lances, & de faire les frais de la monture , de la fourniture & de l'entretien des cravates de taffetas & des étuis pour la confervation defdits ornemens.

ARTICLE 16.

ARTICLE 16.

Des Faux-frais.

LA dépense, sous le titre de Faux-frais, sera & demeurera réglée, pour les régimens de Dragons, de la manière prescrite par *l'article 16 du chapitre III de la Cavalerie.*

ARTICLE 17.

Du Ferrage des chevaux.

Les dispositions prescrites à cet égard par *l'article 17 du chapitre III de la Cavalerie,* seront suivies par les régimens de Dragons.

ARTICLE 18.

De l'Uniforme des Régimens de DRAGONS.

COLONEL-GÉNÉRAL.

Habit de drap vert, doublure de serge ou cadis vert, paremens, revers & collet de panne cramoisie, poches ordinaires garnies de trois boutons, avec boutonnières de petit galon aurore, autant au parement, six petits au revers & quatre gros au-dessous.

Veste de drap chamois, doublée de cadis blanc, sans pattelette : culotte de peau.

Boutons jaunes godronnés. . . . . n.° 1.er

Le casque pour coiffure.

L'équipage du cheval en drap, bordé d'un galon à la livrée du Colonel général.

MESTRE-DE-CAMP-GÉNÉRAL.

Habit de drap vert, doublé de serge ou cadis vert, paremens, revers & collet de drap écarlate, poches ordinaires garnies de trois gros boutons & boutonnières de petit galon aurore, autant au parement, six petits au revers & quatre gros au-dessous.

Veste de drap chamois, doublée de cadis blanc, sans pattelette : culotte de peau.

Boutons jaunes godronnés. . . . . n.° 2.

Le casque pour coiffure.

L'équipage du cheval en drap, bordé d'un galon de laine, à la livrée du Mestre-de-camp général.

Habillement.   B b

R O Y A L.

Habit de drap vert, doublé de ferge ou cadis vert, paremens, revers & collet de drap écarlate, poches ordinaires garnies de trois gros boutons, autant à la manche, fix petits au revers & quatre gros au-deffous.

Vefte de drap chamois, doublée de cadis blanc, fans pattelette: culotte de peau.

Boutons blancs godronnés. . . . . n.° 3.

Le cafque pour coiffure.

L'équipage du cheval en drap vert, bordé d'un galon à chaînettes bleues & rouges, fond blanc, en laine.

D U   R O I.

Habit de drap vert, doublé de ferge ou cadis vert, paremens, revers & collet en drap couleur de rofe, doubles poches en long, garnies de quatre gros boutons chacune, cinq petits au revers, dont un détaché & les autres de deux en deux, quatre gros au-deffous & trois au parement.

Vefte de drap chamois, doublée de cadis blanc, fans pattelette: culotte de peau.

Boutons blancs godronnés. . . . . n.° 4.

Le cafque pour coiffure.

L'équipage du cheval en drap vert, bordé de galon à chaînettes bleues, rouges & blanches, fond plein, jaune, en laine.

L A   R E I N E.

Habit de drap vert, doublé de ferge ou cadis vert, paremens fermé en deffous avec trois petits boutons, revers & collet de drap cramoifi, poches ordinaires garnies de trois gros boutons, autant à la manche, fix petits au revers & quatre gros au-deffous.

Vefte de drap chamois, doublée de cadis blanc, fans pattelette: culotte de peau.

Boutons blancs godronnés. . . . . n.° 5.

Le cafque pour coiffure.

L'équipage du cheval en drap rouge, bordé d'un galon à la livrée de la Reine.

D A U P H I N.

Habit & collet de drap vert, doublé de ferge ou cadis vert, paremens & revers de drap cramoifi, doubles poches en long, garnies de quatre gros boutons placés à distance égale, trois à la manche, sept petits au revers, dont un détaché & les six autres de deux en deux, quatre gros au-dessous de même.

Veste de drap chamois, doublée de cadis blanc, sans pattelette : culotte de peau.

Boutons blancs godronnés. . . . . n.° 6.

Le casque pour coiffure.

L'équipage du cheval en drap vert, bordé d'un galon de fil blanc, à grains d'orge.

ORLÉANS.

Habit de drap vert, doublé de serge ou cadis vert, collet, paremens & revers de drap écarlate, la patte en écusson, garnie de neuf petits boutons, rangés sur quatre de hauteur de chaque côté & un au milieu, trois gros au parement, six petits au revers & quatre gros au-dessous.

Veste de drap chamois, doublée de cadis blanc, sans pattelette : culotte de peau.

Boutons blancs godronnés, aux armes d'Orléans. . . . . n.° 7.

Le casque pour coiffure.

L'équipage du cheval en drap rouge, bordé d'un galon à la livrée d'Orléans.

BEAUFFREMONT.

Habit & collet de drap vert, doublure de serge ou cadis vert, paremens & revers de drap ventre-de-biche, poches ordinaires garnies de quatre gros boutons, six petits au revers, quatre gros au-dessous & autant au parement.

Veste de drap chamois, doublée de cadis blanc, sans pattelette : culotte de peau.

Boutons blancs godronnés. . . . . n.° 8.

Le casque pour coiffure.

L'équipage du cheval en drap vert, bordé d'un galon à chaînettes, couleur isabelle, en laine.

CUSTINE.

Habit de drap vert, doublure de serge ou cadis vert, collet, paremens & revers de drap jaune-citron, doubles poches en long, garnies de quatre gros boutons placés à distance égale, six petits au revers, quatre gros au-dessous & autant au parement.

Veste de drap chamois, doublée de cadis blanc, sans pattelette: culotte de peau.

Boutons blancs godronnés. . . . . n.º 9.

Le casque pour coiffure.

L'équipage du cheval en drap vert, bordé d'un galon en laine fond blanc, à deux lézardes cramoisi-velouté.

D' AUTICHAMP.

Habit, collet & paremens de drap vert, doublure de serge ou cadis vert, revers de drap couleur de rose, poches ordinaires garnies de quatre gros boutons, six petits au revers, quatre gros au-dessous & autant au parement.

Veste de drap chamois, doublée de cadis blanc, sans pattelette: culotte de peau.

Boutons blancs godronnés. . . . . n.º 10.

Le casque pour coiffure.

L'équipage du cheval en drap vert, bordé d'un galon fond blanc, avec une raie verte au milieu, à chaînettes, en laine.

CHABOT.

Habit de drap vert, doublure de serge ou cadis vert, paremens, collet & revers de drap ventre-de-biche, doubles poches en long garnies de trois gros boutons chacune, trois au parement, sept petits au revers, dont un détaché & le surplus de deux en deux, & quatre gros au-dessous.

Veste de drap chamois, doublée de cadis blanc, sans pattelette: culotte de peau.

Boutons blancs godronnés. . . . . n.º 11.

Le casque pour coiffure.

L'équipage du cheval en drap vert, bordé d'un galon fond blanc, à doubles raies cramoisies & chaînettes en laine.

DAMAS.

Habit de drap vert, doublure de serge ou cadis vert, collet, revers & paremens de panne noire, poches ordinaires garnies de trois gros boutons, autant au parement, six petits au revers & quatre gros au-dessous.

Veste de drap chamois, doublée de cadis blanc, sans pattelette: culotte de peau.

Boutons

Boutons blancs godronnés. . . . . n.° 12.

Le casque pour coiffure.

L'équipage du cheval en drap vert, bordé d'un galon à tablettes noires & jaunes, fond plein, en laine.

ISELIN-DE-LANAN.

Habit de drap vert, doublure de serge ou cadis vert, paremens, collet & revers de drap aurore, poches ordinaires garnies de quatre gros boutons, autant au parement, six petits au revers & quatre gros au-dessous.

Veste de drap chamois, doublée de cadis blanc, sans pattelette ; culotte de peau.

Boutons blancs godronnés. . . . . n.° 13.

Le casque pour coiffure.

L'équipage du cheval en drap vert, bordé d'un galon à tablettes bleues & aurores, fond plein, en laine.

BELSUNCE.

Habit & collet de drap vert, doublure de serge ou cadis vert, paremens & revers de drap écarlate, les poches en long garnies de quatre gros boutons, dont un à chaque extrémité & deux plus rapprochés au milieu, quatre au parement de deux en deux, six petits au revers & quatre gros au-dessous de même.

Veste de drap chamois, doublée de cadis blanc, sans pattelette : culotte de peau.

Boutons blancs godronnés. . . . . n.° 14.

Le casque pour coiffure.

L'équipage du cheval en drap vert, bordé d'un galon à tablettes blanches & noires, fond plein, en laine.

MONTÉCLER.

Habit & collet de drap vert, doublure de serge ou cadis vert, revers & paremens de drap aurore, poches en long garnies de trois gros boutons, autant au parement, six petits au revers, détachés par un, deux & trois, & quatre gros au-dessous.

Veste de drap chamois, doublée de cadis blanc, sans pattelette ; culotte de peau.

Boutons blancs godronnés. . . . . n.° 15.

Le casque pour coiffure.

Habillement. C c

L'équipage du cheval en drap vert, bordé d'un galon à chaînettes blanches, fond plein, violet, en laine.

LANGUEDOC.

Habit & paremens de drap vert, doublure de ferge ou cadis vert, revers & collet de drap chamois, les poches en long garnies de quatre gros boutons, dont un aux extrémités & deux plus rapprochés au milieu, fix petits au revers, détachés de deux en deux, quatre gros au-deſſous de même & autant au parement.

Veſte de drap chamois, doublée de cadis blanc, fans pattelette : culotte de peau.

Boutons blancs godronnés. . . . . n.° 16.

Le cafque pour coiffure.

L'équipage du cheval en drap vert, bordé d'un galon à tablettes bleues & blanches, fond plein, en laine.

SCHOMBERG.

Habit de drap vert, doublé de ferge ou cadis vert, paremens, collet & revers de drap écarlate, poches ordinaires, garnies de trois gros boutons, le parement fermé par trois boutons de même, fept petits au revers, dont un détaché & les autres de deux en deux, quatre gros au-deſſous.

Veſte de drap chamois, doublée de cadis blanc, fans pattelette : culotte de peau.

Boutons blancs godronnés. . . . . n.° 17.

Le cafque pour coiffure.

L'équipage du cheval en drap vert, bordé d'un galon fond aurore, à doubles lézards noirs, en laine veloutée.

CHAPITRE VI.
TROUPES-LÉGÉRES.

ARTICLE PREMIER.
De l'Habillement.

L'HABILLEMENT des Troupes-légères, sera exécuté en drap des couleurs réglées pour chaque Corps.

Toutes les parties dépendantes dudit habillement, feront tenues aifées & affez larges pour être aifément boutonnées; elles feront façonnées dans les mêmes proportions réglées pour les Dragons par *l'article I.er du chapitre V.*

Le manteau pour les Dragons fera, ainfi qu'il a été réglé, de drap gris piqué de bleu.

ARTICLE 2.
De la Coiffure.

LES cheveux des hommes d'Infanterie & Dragons de Troupes-légères, feront retrouffés en cadenette, les faces feront roulées fur une petite lame de plomb ou un carton.

Les Grenadiers feront coiffés avec un bonnet de peau d'ours, fans ornement de plaques fur le devant : ils feront feulement garnis de cordons de fil blanc, & le derrière fera recouvert de drap de la couleur du parement ; indépendamment dudit bonnet, dont la durée eft réglée à fix ans, il fera délivré un chapeau à chaque Grenadier pour le même efpace de temps.

Les chapeaux pour les Fourriers, Sergens, Tambour-major & Soldats feront des mêmes efpèce, qualité & proportions que celles qui ont été réglées pour l'Infanterie au *chapitre I.er*

Les Dragons des Légions Royale, de Flandre & du Haynault, feront coiffés avec le cafque, dont la calotte fera de fer bruni, furmonté d'un cimier de cuivre & garnie de deux rofettes du même métal.

Les Dragons de la Légion de Condé, feront coiffés avec le cafque à calotte & cimier de cuivre.

Les Dragons de Soubife, feront coiffés avec un bonnet de peau d'ours qui fera des mêmes forme & proportions qui ont été réglées pour la coiffure des Grenadiers ; le derrière fera entièrement couvert de peau d'ours.

Les Grenadiers & Dragons qui feront congédiés ne pourront emporter leurs coiffures de bonnets ou de cafques, & il fera envers eux obfervé les difpofitions prefcrites à cet égard au *chapitre V des Dragons, article 2.*

A R T I C L E 3.

Des marques diftinctives du Grade dans les compagnies d'Infanterie & Dragons de Troupes-légères.

Les Fourriers, Sergens & Maréchaux-des-logis, Caporaux & Brigadiers, & les Appointés, porteront les marques diftinctives de leur grade, ainfi qu'il eft réglé par les *articles 3 du chapitre I.er de l'Infanterie, & du chapitre V des Dragons.*

A R T I C L E 4.

De l'Habillement des Tambours & Trompettes.

Les Tambours des Troupes-légères, feront habillés à la livrée du Roi ; à l'exception de ceux de la Légion de Conflans, de Condé & de Soubife, & des Trompettes de la Légion de Conflans, qui continueront à porter les habits de la livrée des Colonels titulaires, en confervant néanmoins les paremens, revers & collet de l'habit uni-forme, les doublures & la vefte des mêmes couleurs qui ont été réglées pour les corps auxquels lefdits Tambours & Trompettes feront attachés.

A R T I C L E 5.

ARTICLE 5.

De l'Habillement des Officiers.

L'UNIFORME des Officiers fera femblable à celui des Soldats & des Dragons, & ne différera que par la qualité des draps qui feront d'Elbeuf ou des manufactures de même efpèce, & des boutons qui feront dorés ou argentés, fuivant la couleur blanche ou jaune qui leur eft affectée.

Les Officiers qui devront porter les bonnets de peau d'ours, fe conformeront aux difpofitions réglées à cet égard par *l'article 5 du chapitre I.er de l'Infanterie*.

Les Officiers fupérieurs ou autres defdits corps, ne pourront porter des plumets à leurs chapeaux avec l'habit uniforme, fous tel prétexte que ce foit.

Toute efpèce de liferé ou paffepoil de couleur, fera & demeurera défendu à l'habillement de l'Officier comme à celui du Soldat.

ARTICLE 6.

Difpofitions générales fur l'Uniforme.

LES Officiers ne porteront, fous nul prétexte, de dou-blures de foie, galons ou boutonnières de fil d'or ou d'argent que ceux réglés pour leur uniforme ; les redingotes ou manteaux qu'ils auront à la tête de leur troupe, feront de la couleur de l'habit uniforme, & le colet fera garni d'un bordé d'or ou d'argent de la largeur d'un pouce fuivant la couleur du bouton.

Tous les Officiers porteront l'habillement uniforme, ainfi qu'il eft prefcrit par *l'article 6 du chapitre I.er de l'Infanterie*.

ARTICLE 7.

Des marques diftinctives des Grades des Officiers de l'Infanterie & des Dragons de Troupes-légères.

Les éguillettes feront & demeureront fupprimées.

Les marques diſtinctives des grades des Officiers de l'Infanterie & Dragons de Troupes - légères, feront les mêmes que celles qui ont été réglées pour les Officiers de l'Infanterie, *article 7*, & les difpofitions prefcrites à cet égard feront exécutées, fans qu'il y puiſſe être apporté aucun changement.

ARTICLE 8.

De l'Équipement des Soldats de l'Infanterie.

LES cols feront d'étoffe noire pour tous les corps de Troupes - légères.

Les manches de chemifes, pour les Soldats de l'Infanterie, feront fans manchettes.

Les guêtres feront noires & fe termineront à la pointe du genou.

Les Grenadiers, & les Fourriers, Sergens, Caporaux, Appointés & Tambours des compagnies de Fufiliers, feront équipés de fabres du même modèle que celui qui eſt réglé par l'*article 8 du chapitre I.er de l'Infanterie*, il fera de même garni d'un cordon de cuir en forme de dragonne.

Le ceinturon deſtiné à porter le fabre, fera de buffle blanc, fans piqûre, large de deux pouces, garni d'un pendant porte-fabre de même cuir.

Les ceinturons pour les Fufiliers, n'étant deſtinés qu'à porter la baïonnette, feront également de buffle blanc, la courroie fera de dix-huit lignes de largeur, garnie d'un pendant en couteau de chaſſe fur lequel fera coufu un bouton de cuir deſtiné à aſſujettir le fourreau de la baïonnette, au moyen d'une courroie de cuir dont le fourreau fera garni.

Tous les ceinturons feront portés fur la veſte.

La giberne des Grenadiers, à l'exception de celle des Sergens & des Fourriers defdites compagnies, qui fera un peu plus petite & plus légère, fera faite en forme de boîte carrée, des mêmes proportions que celles qui ont été réglées pour les Grenadiers par *l'article 8 du chapitre I.er de l'Infanterie.*

La courroie pour fufpendre ladite giberne , fera de buffle blanc de trente-fix lignes de largeur , & au furplus exécutée ainfi qu'il eft réglé à *l'article 8 de l'Infanterie.*

La giberne pour les compagnies de Fufiliers , à l'exception de celle des Fourriers & Sergens defdites compagnies , qui fera plus petite & plus légère , fera des mêmes forme & proportions que celles qui ont été réglées pour l'Infanterie.

Les pattelettes des gibernes ne feront ornées d'aucun médaillon.

Les bretelles de fufils feront de buffle blanc , larges de feize lignes.

Les colliers ou porte-caiffe des Tambours , feront également de buffle blanc , fans piqûre & fans galons.

Les havrefacs des Soldats feront de peau de veau à poil , & contiendront les mêmes effets du petit équipement , qui a été réglé pour l'Infanterie.

ARTICLE 9.

De l'Équipement des Dragons des corps de Troupes-légères.

LES cols feront d'étoffe noire pour tous les Dragons de Troupes-légères.

Les difpofitions réglées fur les manches de chemifes , les fauffes-manches , les manchettes de bottes & les gants, par *l'article 8 du chapitre III* du préfent règlement , feront également exécutées par les corps de Troupes-légères.

Les bottes pour les Dragons de Troupes-légéres, à l'exception de ceux de la légion de Conflans , qui conferveront la botte hongroife , feront les mêmes qui ont été réglées pour l'ufage des régimens de Dragons.

Le fabre fera à monture de fer, la poignée couverte de

cuir bouilli, crénelé d'un fil de fer retors ; la lame, le fourreau & le cordon de fabre , feront exécutés dans la forme & les proportions arrêtées par *l'article 8 du chapitre des Dragons.*

Le ceinturon fera de buffle blanc, de la même forme & des mêmes proportions qui font réglées pour les Dragons, en fupprimant le porte-baïonnette.

La bandoulière , la cartouche & la courroie porte-cartouche , feront exécutées dans les mêmes proportions réglées pour les Huffards . à l'exception que les porte-cartouches, bandoulières & ceinturons feront de buffle blanc.

Le porte-manteau fera façonné des mêmes proportions, il y fera employé les mêmes fournitures , & chaque Dragon fera tenu de fe fournir des effets du petit équipement, ainfi & de même qu'il a été prefcrit pour les Huffards.

A R T I C L E 10.

De l'Harnachement des chevaux de Dragons de Troupes - légères.

LES felles de Dragons de Troupes-légères, & les parties qui en dépendent (à l'exception de la Légion-royale qui continuera l'ufage des felles ordonnées pour les Dragons & de la houffe & chaperon de drap , bordés de galon des couleurs réglées pour ledit corps), feront façonnées à la hongroife , au plus folide & au plus fimple.

L'équipage du cheval ou fchabraque fera de peau de mouton , garni au pourtour d'une bande de tricot feftonnée des couleurs réglées pour chaque Corps.

A R T I C L E 11.

De l'Équipement des Officiers de Troupes-légères.

I N F A N T E R I E.

LE ceinturon fera de buffle blanc large de deux pouces,

garni

garni d'un pendant de même cuir pour porter l'épée & la baïonnette.

L'épée pour tous les Officiers de l'Infanterie, sans distinction de grade, sera à garde de cuivre & poignée d'argent d'oré, montée sur une lame plate & pleine, de vingt-six pouces de longueur; il sera observé à cet égard, & concernant les gibernes que les Officiers doivent porter, les mêmes dispositions prescrites par *l'article 10 du chapitre I.er de l'Infanterie*, sans néanmoins que les pattelettes soient ornées de médaillon.

Les courroies porte-gibernes seront de buffle blanc.

Les bretelles de fusil seront de même cuir, larges de seize lignes.

DRAGONS.

LE sabre pour les Officiers de Dragons de Troupes-légères, sera à garde de fer poli, & le même que celui réglé pour les Officiers de Dragons.

Le ceinturon sera de buffle blanc, de la même forme & des mêmes proportions qui ont été réglées pour les Officiers de Dragons.

Les bottes seront les mêmes qu'il a été réglé par *l'article 10 du chapitre V des Dragons*.

ARTICLE 12.

De l'Harnachement des chevaux des Officiers de Dragons de Troupes - légères.

LES selles pour les chevaux des Officiers, seront de même forme que celles réglées pour les chevaux des Dragons, à la hongroise.

Le schabraque ou équipage du cheval pour les Colonel, Lieutenant-colonel, Major & Capitaines, sera de peau de panthère ou de peau peinte, garnie au pourtour d'une bande de drap festonnée, de la couleur affectée à chaque corps, & bordée d'un petit galon d'or ou d'argent de six lignes de largeur , suivant la couleur uniforme du bouton.

Le fchabraque pour les Lieutenans & les autres Officiers de grade inférieur , fera de peau de veau , peinte en forme de peau de tigre, garnie au pourtour d'une bande de drap feftonnée de la couleur affectée à chaque régiment , fans galon d'aucune efpèce.

Les têtieres de brides , poitrails & croupières ne feront garnies d'aucuns clous ou fleurons blancs ou jaunes.

L'équipage des chevaux des Officiers de Dragons de la Légion-royale, fera exécuté , ainfi qu'il eft réglé à *l'article 2 des Dragons.*

A R T I C L E 13.

De l'Armement des compagnies de Troupes-légères.

LES hommes qui compoferont les compagnies de l'Infanterie , feront tous armés de fufils & de baïonnettes.

Les Officiers qui feront à la tête defdites compagnies , feront de même armés de fufils & de baïonnettes.

Indépendamment du fabre dont les hommes qui compoferont les compagnies de Dragons feront équipés, ils feront armés d'un moufqueton & de deux piftolets.

Les Officiers qui feront à la tête defdites compagnies , feront équipés d'un fabre & armés de deux piftolets.

Les Colonel , Lieutenant-colonel & Major , porteront l'épée ou le fabre à la main , foit à cheval, foit à pied.

Les Aide - major & Sous-aides-major feront de même, foit à cheval , foit à pied , l'épée ou le fabre à la main , fuivant l'efpèce d'arme qui eft réglée pour la troupe à pied ou à cheval , à laquelle ils feront attachés.

A R T I C L E 14.

Des Faux-frais.

LA dépenfe fous le titre de Faux-frais, fera & demeurera

réglée pour les corps de Troupes-légères, de la manière
prescrite par *l'article 16 du chapitre III de la Cavalerie.*

ARTICLE 15.

Du Ferrage des Chevaux.

LES dispositions prescrites à cet égard par *l'article 17
du chapitre III de la Cavalerie*, seront observées pour les
Corps de Troupes-légères.

ARTICLE 16.

De l'Uniforme des TROUPES-LÉGÈRES.

LÉGION-ROYALE.

Habit de drap bleu-de-roi, doublé de serge ou cadis blanc ;
collet & revers de drap rouge, & petits paremens ronds de même
drap, sans boutons, six petits boutons au revers, quatre gros
au-dessous, un à la hanche & un à la poche en toile qui sera
cousue dans les plis.

Veste de drap blanc, sans pattelette, doublée de toile écrue ;
le devant garni de dix boutons, sans poches ni pattes.

Culotte de tricot blanc pour l'Infanterie, & de peau pour les
Dragons.

Boutons blancs & unis, forme plate.

L'équipage du cheval des Dragons, sera de drap rouge, bordé
d'un petit galon de fil blanc, à chainettes, de la largeur de
douze lignes ; elle fera à cet effet usage de la selle réglée pour
les Dragons de troupes réglées.

LÉGION DE FLANDRE.

Habit de drap bleu-céleste foncé, doublé de serge ou cadis
blanc, collet, revers & paremens de drap blanc, les paremens
feront ronds, sans boutons, le revers fera garni de six petits
boutons, quatre gros au-dessous, un à la hanche & un à la poche
qui fera de toile, cousue dans les plis.

Veste de drap blanc, sans pattelette, doublée de toile écrue,
sans poches ni pattes, le devant fera garni de dix boutons.

Culotte de tricot blanc pour l'Infanterie, & de peau pour les
Dragons.

Boutons blancs & unis, forme plate.

L'équipage du cheval des Dragons, fera de peau de mouton,

liféré d'étoffe de laine croifée, de couleur bleu-de-roi clair ou célefte foncé, à feftons.

LÉGION DU HAYNAULT.

Habit, collet & revers de drap bleu-de-roi, doublé de ferge ou cadis de couleur chamois, & petits paremens ronds, de panne noire, garni de trois petits boutons, fept gros au revers & trois au-deffous, un à la hanche & un à la poche qui fera de toile & coufue dans les plis.

Vefte de drap chamois, fans pattelette, doublée de toile écrue, le devant garni de dix boutons, fans poches ni pattes.

Culotte de tricot blanc pour l'Infanterie, & de peau pour les Dragons.

Boutons blancs & unis, forme plate.

L'équipage du cheval des Dragons, fera de peau de mouton, liféré d'étoffe de laine croifée, de couleur bleu-de-roi, feftonnée.

LÉGION DE CONFLANS.

POUR L'INFANTERIE.

Habit de drap vert, doublé de ferge ou cadis de même couleur, revers, collet & paremens en retrouffis à la polonoife, de drap vert, fixé avec un petit bouton; le revers fera garni de fept petits boutons de chaque côté, trois gros au-deffous, un à la hanche & un à la poche qui fera de toile & coufue dans les plis.

Vefte de drap vert, fans pattelette, doublée de toile écrue, fermée de dix boutons fur le devant, & fans poches ni pattes.

Culotte de tricot blanc.

Boutons jaunes & unis, forme plate.

Chapeau bordé de galon janne.

POUR LES HUSSARDS.

Habit à la hongroife, ou peliffe & vefte ou tolmann de drap vert, les paremens ou retrouffis de drap de même couleur, le bordé & le cordonnet pour agrémens de laine jaune.

Le fchako ou bonnet de feutre noir, doublé d'étoffe verte & bordé d'un galon de laine de même couleur.

Le fabretache fera rouge, bordé d'un galon vert, avec le chiffre du Roi en drap vert, entouré d'un cordonnet jaune.

L'équipage du cheval des Huffards, fera de peau de mouton, liféré d'étoffe de laine croifée, de couleur verte, feftonnée.

LÉGION

LÉGION DE CONDÉ.

Habit de drap chamois Condé, doublé de ferge ou cadis rouge, collet, revers & petit parement rond de drap rouge, fept petits boutons au revers, trois gros fur le parement & trois au-deffous du revers, un à la hanche & un à la poche qui fera de toile & coufue dans les plis.

Vefte de drap rouge, fans pattelette, doublée de toile écrue; fermée de dix boutons fur le devant, & fans poches ni pattes.

Culotte de tricot blanc pour l'Infanterie, & de peau pour les Dragons.

Boutons blancs & unis, forme plate.

L'équipage du cheval des Dragons, fera de peau de mouton, liféré de tricot chamois Condé, feftonné.

LÉGION DE SOUBISE.

Habit, revers & collet de drap bleu-de-roi, doublé de ferge ou cadis blanc, petit parement rond de drap blanc fans boutons, fept petits fur chaque côté de revers, trois gros au-deffous, un à la hanche & un à la poche qui fera de toile & coufue dans les plis.

Vefte de drap blanc, fans pattelette, doublée de toile écrue, garnie de dix boutons fur le devant, fans pattes ni poches.

Culotte de tricot blanc pour l'Infanterie, & de peau pour les Dragons.

Boutons blancs unis, forme plate.

L'équipage du cheval fera en peau de mouton, liféré de tricot blanc, feftonné.

CHAPITRE VII.

De l'Uniforme des Ingénieurs.

L'UNIFORME des Ingénieurs fera de drap de couleur bleu-de-roi, fans revers ni collet; les paremens feront de velours noir, la doublure de ferge rouge, les vefte & culotte d'étoffe de laine rouge; l'habit fera garni fur le devant jufqu'à la taille, de douze boutons de cuivre doré, cinq fur chaque poche, un fur chaque hanche & cinq fur chaque manche.

Chaque Ingénieur portera l'épaulette & la dragonne affectée au grade d'Officier dont il aura la commiffion.

CHAPITRE VIII.

De l'Uniforme des Officiers-majors des Places.

LES Officiers de l'État-major des places, porteront les habits non croisés, façonnés en drap de couleur bleu-de-roi, garnis de boutonnières de filés d'or des deux côtés jusqu'à la poche, doublés d'étoffe rouge; les veste & culotte seront d'étoffe de couleur écarlate ; l'habillement sera garni de boutons de cuivre doré.

Les Gouverneurs qui seront Officiers généraux, continueront à porter les uniformes réglés pour leur grade par l'Ordonnance du 1.ᵉʳ février 1744, ainsi qu'il sera dit ci-après.

Les Gouverneurs qui ne sont point Officiers généraux, porteront un double galon d'or sur l'habit, l'un en bordé large d'environ douze lignes, & l'autre à côté de dix-huit lignes de largeur; le tour des poches & des manches, & les basques du derrière, seront galonnées dans la même forme.

Les Lieutenans de Roi porteront le simple bordé de galon d'or de douze lignes sur l'habit, le tour des poches & des manches sera de plus garni d'un galon de dix-huit lignes de largeur.

Les Majors porteront seulement le bordé de galon avec boutonnières d'or, sans aucun agrément de plus aux manches ni aux poches.

Les habits des Aides-majors auront pareillement des boutonnières de fil d'or des deux côtés, jusqu'à la taille, sans bordé.

Ceux des Sous-aides-majors ou Capitaines des portes, n'auront des boutonnières que d'un feul côté.

Les Gouverneurs & Lieutenans de Roi municipaux, ne pourront porter en cette qualité, aucun habillement uniforme.

CHAPITRE IX.

De l'Uniforme des Officiers de l'État-major des Armées & de ceux employés en qualité d'Aides-de-camp.

LES Officiers de l'État-major des armées, porteront l'habillement uniforme de drap de couleur vulgairement appelée *bleu-de-roi*, doublé d'une étoffe de même couleur : le devant de l'habit & de la vefte fera garni jufqu'à la poche de huit boutonnières de chaque côté en broderie de fil d'or, de deux boutonnières de même au parement & de trois à chaque poche; les boutons feront de cuivre doré.

Les Officiers de l'État-major qui feront en chef, porteront fur leurs habits, un bordé en broderie, du même deffein que les boutonnières, à moins qu'ils ne fuffent Officiers généraux, auxquels cas ils porteront l'uniforme affecté à leur grade.

Les Officiers qui auront la permiffion d'accompagner, en qualité d'Aides-de-camp, les Officiers généraux qui ferviront dans lefdites armées, feront tenus de porter pendant tout le cours de la campagne, des habits non croifés d'étoffe de laine appelée *bleu-de-roi*, doublés de ferge de même couleur, garnis de boutons de cuivre doré, fans aucunes boutonnières ni broderies de filés d'or.

CHAPITRE X.

Observations pour la tenue régulière des Régimens.

Toutes les réparations quelconques d'un régiment, concernant l'habillement, l'équipement, l'harnachement & l'armement, feront divifées en deux claffes, favoir, en réparations générales & en réparations particulières.

L'état des réparations générales ne pourra être arrêté que par les Infpecteurs, à leur revue, & l'on ne pourra y faire travailler qu'après que ledit état aura été approuvé par Sa Majefté.

Quant aux réparations particulières & journalières, dès qu'on s'apercevra qu'il y aura quelque chofe de caffé à l'armement d'un Soldat, Cavalier ou Dragon, ou quelque menue réparation à faire à l'équipement, l'habillement ou harnachement; le Caporal ou Brigadier de la chambrée dont fera le Soldat, Cavalier ou Dragon, en avertira le Sergent ou Maréchal-des-logis de fa fubdivifion, lequel après avoir examiné fi le Soldat, Cavalier ou Dragon a réellement befoin de ce que le Caporal ou Brigadier demande pour lui, & vérifié fi c'eft par fa faute ou autrement, en rendra pareillement compte au Lieutenant ou Sous-lieutenant de fa divifion, celui-ci au Capitaine, qui après avoir vérifié le tout par lui-même, fera tenu d'en inftruire le Major qui ordonnera fur le champ les réparations néceffaires, & en rendra compte au Commandant du Corps.

Et à cet effet, immédiatement après l'arrivée d'un régiment dans une place ou dans un quartier, le Major fera tenu d'aller, fi le régiment eft féparé, dans tous les endroits

où

où il y aura des bataillons, des escadrons ou des compagnies, pour y faire des marchés avec les meilleurs ouvriers, pour les réparations de toute espèce, & au meilleur prix qui lui sera possible, il signera les marchés avec les ouvriers, & en adressera aussitôt des doubles au Secrétaire d'État ayant le département de la guerre.

Lorsque lesdites réparations auront été faites, les Officiers & bas Officiers de la compagnie, examineront si lesdites réparations ont été aussi bien faites qu'elles doivent l'être, & le Capitaine en rendra compte au Major, qui le reportera au Commandant du Corps, lequel en ordonnera le payement par celui qui sera chargé de la caisse du régiment, sur le récépissé de l'ouvrier, joint au mémoire de ladite réparation, qui sera signé dudit ouvrier & du Commandant du Corps.

L'Officier chargé de la Caisse de chaque régiment, sera obligé de tenir un registre du produit de la masse affectée aux menues réparations & de la dépense qui aura été faite tous les ans pour cet objet, afin d'y avoir recours toutes les fois que l'Inspecteur ou le Commissaire des guerres pourra en avoir besoin.

Le Major de chaque régiment de Cavalerie ou de Dragons, sera tenu après l'arrivée du régiment dans ses quartiers ou dans une place, de passer des marchés avec un Maréchal-expert de chaque endroit où il y aura des compagnies, pour traiter tous les chevaux malades (à moins qu'il n'y ait un Maréchal-expert dans le régiment), & pour fournir les drogues nécessaires.

On suivra pour la forme desdits marchés, & pour tout ce qui concerne cette dépense, les mêmes règles qui sont prescrites pour les menues réparations.

MANDE & ordonne Sa Majesté aux Gouverneurs & Lieutenans généraux de ses provinces, aux Commandans en chef desdites provinces, aux Commandans de ses villes

& places, aux Inspecteurs généraux de ses troupes, aux Officiers généraux, aux Intendans dans ses Provinces, aux Commissaires des guerres, & à tous autres ses Officiers, de tenir la main à l'exécution du présent règlement, d'empêcher qu'il n'y soit apporté aucun changement, ou d'en informer sur le champ le Secrétaire d'État ayant le département de la guerre. FAIT à Versailles le vingt-cinq avril mil sept cent soixante-sept. *Signé* LOUIS. *Et plus bas*, LE DUC DE CHOISEUL.